Inhalt

AF648166

Einfaches und Schwieriges
auf einen Blick erkennen

Günther Thomé, Dorothea Thomé

Deutsche Wörter nach Laut- und Schrifteinheiten gegliedert

Das einzige Phonem-Graphem-Wörterbuch für die deutsche Sprache

– nach dem Basiskonzept Rechtschreiben
– über 2.000 Haupteinträge
– zahlreiche Tabellen

2., bearbeitete Auflage

isb Institut für sprachliche Bildung

Bibliografische Information der Deutschen Nationalbibliothek
Die Deutsche Nationalbibliothek verzeichnet die Publikation in der Deutschen Nationalbibliografie; detaillierte bibliografische Daten sind im Internet über https://www.dnb.d-nb.de abrufbar.

Passend
- zu Arbeitsmaterialien nach dem Basiskonzept Rechtschreiben
- zur OLFA (Oldenburger Fehleranalyse für die Klassen 1–2 und 3–9, Rechtschreibdiagnose und -förderung) und
- zu OLFA-Online 3–9+ (www.olfaonline.de)

2., bearbeitete Auflage 2023 (1. Aufl. 2016)

© 2023 *isb* Institut für sprachliche Bildung – Fachverlag
Werbachstr. 16, 26121 Oldenburg
Alle Rechte vorbehalten.
Das Werk und alle seine Teile sind urheberrechtlich geschützt.
Hergestellt in kompletter Öko-Produktion (Bio-Farben, zertifiziertes Recyclingpapier, klimaneutral gedruckt und versandt, dieUmweltDruckerei, Hannover).
Handlettering und Cover-Illustration: Kurzi Shortriver, Berlin
ISBN 978-3-94212243-6 (Vorgänger 978-3-94212221-4)
www.isb-oldenburg.de

klimaneutrales Druckerzeugnis | durch CO_2-Ausgleich | www.natureOffice.com/DE-275-LQRFF3M

1 Einführung

Dieses Buch soll helfen, die geschriebene deutsche Sprache etwas **besser verstehen zu können**.

Meistens soll die Orthographie dem Leser/der Leserin die Lautgestalt des entsprechenden Wortes vermitteln. Manchmal können sich dabei aber Missverständnisse oder zumindest Ungenauigkeiten ergeben, die dann durch bestimmte Markierungen in der Schreibung, die über die reine Lautwiedergabe hinausgehen, beseitigt werden sollen. Gelegentlich sind die Markierungen aber auch einfach nur historisch bedingt.

Die deutsche Schriftsprache ist – wie jede Schriftsprache – eine grammatisch umrissene Sprache. Unsere Orthographie ist keine reine Lautschrift, sondern sie versucht, auch grammatische u. a. Zusammenhänge zu transportieren. Die Verschriftung der deutschen Sprache wurde unter Verwendung der lateinischen Schrifteinheiten durchgeführt. Da die lateinische Schrift aber nicht für die Schreibung der deutschen Sprache konstruiert wurde, hat sich im Laufe der Zeit (vorwiegend in den letzten 500 Jahren) gezeigt, dass manche Einheiten eigentlich überflüssig sind, z. B. das <c>, <q> oder das <y>, andere aber für die Schreibung des Deutschen neu erfunden werden mussten, wie <ch>, <sch>, <ä>, <ö>, <ü> usw. Insgesamt steht heute jedem systematischen Sprachlaut (**Phonem**, Trubetzkoy 1939/1989, 2001; Kohrt 1985) eine systematische Schrifteinheit (**Graphem**) – oder nach Heller (1980) ein Phonographem – gegenüber. In einer Auszählung von 100.000 Phonem-Graphem-Beziehungen in deutschen Texten (Thomé, Siekmann, Thomé 2011; Thomé 2019) zeigte sich, dass in jedem Wort die **Anzahl von Phonemen und Graphemen** (oder Phonographemen) **gleich groß** ist. Hierdurch wird auch deutlich, dass eine Gliederung geschriebener Wörter nach Buchstaben für den Rechtschreibunterricht völlig ungeeignet ist.

Wer mit der **OLFA** (Oldenburger Fehleranalyse) 3–9⁺ oder 1–2 (Thomé, Thomé 2020 u. 2022a) und mit dem Programm OLFA-Online (www.olfaonline.de) arbeiten möchte, wird bei der Analyse immer als ersten Schritt die fehlerhafte Lernerschreibung und das jeweilige Zielwort graphemweise miteinander vergleichen müssen, um dann die Abweichungen in die OLFA-Liste einzutragen. Diesem Arbeitsschritt folgen die weiteren Auswertungen zur Bestimmung der Fehlerschwerpunkte, um eine **passgenaue Förderung** planen zu können. Das vorliegende Buch kann hier deutlich bei der Durchgliederung von Wörtern in Grapheme unterstützen, da es das Verhältnis zwischen Laut- und Schrifteinheiten deutlich macht, hilfreich also auch für alle, die im Bereich Deutsch als Erst- und Zweitsprache arbeiten.

Die Gliederung der Wörter nach Lauteinheiten und die durch die **rote Farbe** auf einen Blick erkennbaren selteneren und daher meist markierten Schreibungen (**Orthographeme**) bieten sicherlich eine gute Grundlage bei der Planung und Vorbereitung des Rechtschreibunterrichts. Die Kenntnis der Beziehungen zwischen den Laut- und Schrifteinheiten ist von entscheidender Bedeutung für den **regulären**, aber besonders auch für den **Förderunterricht** sowie den **Zweit- und Fremdsprachunterricht**.

Für einen guten Unterricht im Lesen und Schreiben ist es sinnvoll und notwendig, zwischen einfachen, grundlegenden Schrifteinheiten (**Basisgraphemen**) und selteneren Schrifteinheiten, den **Orthographemen**, zu unterscheiden (vgl. auch Naumann 1999, der schon früh **Mehrheits-** und **Minderheitsschreibungen** unterscheidet; s. a. Thomé 1999, S. 81).

In der deutschen Orthographie stehen für die meisten Lauteinheiten **mehrere Schrifteinheiten** zur Verfügung. Zum Beispiel wird die Lauteinheit /f/ im Wort ***F**isch* mit einfachem <f> geschrieben. Das <f> stellt als Basisgraphem die häufigste und damit grundlegende Schrifteinheit für die Lautung /f/ dar. Im Wort *Schiff* wird /f/ dagegen mit dem Orthographem <**ff**> geschrieben. Mit Schrifteinheiten wie diesem (schriftliches <**ff**> für mündliches /f/), kommen wir in die orthographischen Bereiche im engeren Sinne. Für das Phonem /f/ können in der deutschen Orthographie folgende Schrifteinheiten auftreten: das Basisgraphem <f>

und die Orthographeme <v> und <ff> (genauere Angaben über die Häufigkeiten siehe S. 114). Das sehr seltene <ph> ist nur in Fremdwörtern oder in aus Fremdwörtern abgeleiteten Wortbestandteilen zu finden.

Phonem	Graphem	Beispielwort
Phonem /f/	Basisgraphem **f**	**F** i sch
Phonem /f/	Orthographem **v**	**v** o r
Phonem /f/	Orthographem **ff**	Sch i **ff**

Insgesamt stellen die **Basisgrapheme rund 90 Prozent** aller Schrifteinheiten in deutschsprachigen Texten dar; die **Orthographeme** die restlichen **10 Prozent**.
Ganz genau liegt die Verteilung der Schrifteinheiten bei 90,5 % Basisgrapheme und 9,5 Orthographeme.

Im Deutschen gibt es **41 häufige Basisgrapheme** (wenn man <q u> mitrechnen würde, wären es 42) und **43 seltene Orthographeme**; zusammen sind das **84 Grapheme**. Die 43 Orthographeme kann man in **vier Gruppen** einteilen:

13	Konsonantenverdoppelungen zur Markierung von Kurzvokalen
13	Langvokalmarkierungen durch Dehnungs-h oder Vokalverdoppelung,
6	Orthographeme zum Erhalt des Wortstamms,
11	sonstige Orthographeme (vgl. Thomé, Thomé 2022b)

Wie die fast 9,5 % der schwierigen und besonderen Orthographeme in der deutschen Orthographie verteilt sind, wird in der folgenden Tabelle gezeigt (vgl. dazu Thomé, Thomé 2022b).

Orthographeme in deutschen Wörtern

Schwerpunkte der Orthographeme	Reihenfolge der Orthographeme nach Auftretenshäufigkeit
3 % Konsonantenverdoppelungen	ll, ss, nn, tt, ck, mm, tz und die seltenen (unter 0,1 %): rr, ff, pp, gg sowie bb und dd
2,6 % Stammschreibung bei Auslautverhärtung und ähnlichen Phänomenen (Auslautvelarisierung)	<d> für /t/ (meistens wegen *und*), <g> für /k/, <b> für /p/, <ä> für /ɛ/, <g> für /x/ und seltener <äu> für /ɔ͜ʏ/
1,5 % markierte Schreibungen bei Langvokalen	ih (*ihn, ihr, ihre, ihnen* usw.), eh, ah, oh und sehr seltenen (unter 0,1 %): üh, äh, uh, ee, aa, ieh, öh, eih und oo
2,4 % weitere Besonderheiten und Einzelphänomene	0,73 % <v> für /f/ (*vor*), 0,62 % <s> für /ʃ/ (*stark*), 0,28 % <ß> für /s/ (*außen*), 0,23 % <i> für /iː/ (*wir, dir*), 0,11 % <n> für /ŋ/ (*Bank*) und sehr seltenen: <dt>, <q u>, <x> für /k͜s/, <ie> für kurzes /ɪ/, <v> für w-Laut /v/ und <ai> für den ei-Laut /a͜ɪ/

Auch wenn viele Benutzer der deutschen Sprache – zumindest doch die Lehrenden – die Wörter in ihrer schriftlichen Form normgerecht produzieren können, ist eine umfassende Sicherheit in der korrekten („schriftdeutschen“) Lautform oft nicht gegeben. Häufig kann man erleben, dass auch geübte Sprachbenutzer durch eine falsche Wortgliederung einige Wörter falsch aussprechen. Ein prominentes Beispiel ist das Verb *gehen*. Wenn hier jedem Buchstaben ein Laut zugeordnet wird, erscheint fälschlicherweise ein hörbares [h]: „g e h e n“, oftmals auch als **silbentrennendes h** bezeichnet. Tatsächlich steht aber die schriftliche Einheit <eh> für den langen e-Laut /eː/. Daher ist die korrekte Laut- und Schriftgliederung /g eː ə n/ und <g eh e n>.

Im Deutschen gibt es mehr Grapheme, die aus zwei oder drei Buchstaben bestehen, als Monographeme. Diese Di- und Trigrapheme sind zusammengenommen 37 (s. dazu das Balkendiagramm, S. 118, das zusätzlich noch das <th> aufführt). So enthält beispielsweise das Wort ***Fisch*** das Trigraphem <sch> und das Wort ***Schiff*** die zwei mehrgliedrigen Grapheme <sch> und <ff>.

F	i	sch
f	ɪ	ʃ

Sch	i	ff
ʃ	ɪ	f

Was folgt aus dem **Wissen über die statistischen Häufigkeiten**? Daraus resultiert, dass man sich bei der Einführung der geschriebenen Sprache an den Basisgraphemen orientieren und erst im weiteren Verlauf den selteneren Orthographemen zuwenden sollte (eine Liste aller Basis- und Orthographeme findet sich auf S. 116 f.). Bezogen auf den Rechtschreiberwerb von Kindern und Erwachsenen bedeutet das eine enorme didaktische Professionalisierung, die man zusammenfassen kann als **Abkehr von der Silben- und Buchstabenorientierung**. Mit den Basis- und

Orthographemen steht der schulische und der außerschulische Rechtschreibunterricht auf einem sehr soliden sprachwissenschaftlichen und didaktischen Fundament, auf das man im weiteren Erwerbsprozess **ohne Umlernen und Irritationen** aufbauen kann (vgl. Hoffmann-Erz 2015; Siekmann 2021; Corvacho, Thomé 2021; Hoffmann-Erz, Corvacho 2021; Naumann 2023).

Basisgrapheme sollten dabei immer die ersten schriftlichen Einheiten sein, die Deutschlerner im Unterricht kennen lernen. Die Mehrzahl der Kinder wird auch mit (bzw. trotz) der heute noch gängigen Buchstabendidaktik lesen und schreiben lernen, aber den Lernern, die sich generell mit dem Schriftspracherwerb eher schwertun, wird mit einer reinen Silben- oder Buchstabendidaktik der Weg zur Schrift mit besonders vielen und großen Stolpersteinen ausgelegt.

Auswahl, Reihenfolge und Anordnung der Wörter

Die Liste der über **2.000 Haupteinträge** (mit vielen Flexionsformen) orientiert sich an wichtigen Übersichten zu Worthäufigkeiten im Deutschen (besonders nach Meier 1978). Daneben wurden verschiedene maßgebliche Untersuchungen über die Wortschätze von Schülern und Erwachsenen (Augst 1989; Menzel 1989; Naumann 1999[1]) und die grundlegenden Wortschätze für Grundschulen aus zwölf Bundesländern (Baden-Württemberg, Bayern, Berlin, Brandenburg, Bremen, Hamburg, Hessen, Niedersachsen, Nordrhein-Westfalen, Sachsen, Sachsen-Anhalt, Thüringen) berücksichtigt (vgl. a. Brügelmann 2019; mit über 2.500 Einträgen weitgehend enthalten in Thomé, Thomé 2021).

Fremdwörter, die leicht an den Buchstaben und Buchstabenverbindungen c, th, ph, y usw. zu erkennen sind und überwiegend aus dem Englischen, Französischen, Lateinischen oder Griechischen kommen, weisen sehr oft eine Phonem-Graphem-Zuordnung auf, die mit der indigener deutscher Wörter nicht kompatibel ist. Einerseits betrifft dies das Phonem-Graphem-Verhält-

1 Aus dem „Orientierungswortschatz" (Naumann 1999) wurden beispielsweise aus der „Alphabetischen Orientierungsliste" (von Naumann und Herné, S. 63–118) alle Wörter aufgenommen, die nach ihrem Profil für Kinder und auch Erwachsene mindestens als „sehr häufig" gekennzeichnet sind.

nis, das im Deutschen zahlenmäßig stets 1 : 1 ist (etliche Graphemen bestehen natürlich aus mehreren Buchstaben); nicht zu verwechseln mit der **fälschlichen Ansicht „ein Laut = ein Buchstabe“**. Andererseits geht es um weitere **Orthographeme** (die seltenen Verschriftungen), die durch die rote Farbe von den Basisgraphemen (häufige oder Basisverschriftungen) hier leicht zu unterscheiden sind.

Die **Vokaleigenschaften** (gerundet und **lang** bzw. offen und **kurz**), die bei deutschen Wörtern stets gemeinsam auftreten, können bei **Fremdwörtern auch getrennt** vorkommen. Das heißt beispielsweise, dass jedes o in *Kr**o**k**o**dil* zwar jeweils kurz zu sprechen ist, aber von seiner Qualität her gerundet zu artikulieren ist, was im Deutschen jeweils einem Langvokal zukäme. In solchen Fällen wird hier als Phonem meist ein Langvokal angegeben.

Die Fremdwörter, die in ihrer Lautstruktur oder in anderer Hinsicht unproblematisch sind (z. B. Lehnwörter wie N u mm e r – nʊmər), werden **nicht** extra gekennzeichnet. Bei den anderen Wörtern steht der Vermerk „Fremdwort“ (bei M i ll i o n – mɪliːoːn). Die Fremdwörter, deren Phonem-Graphem-Beziehungen in diesem Rahmen nicht beschrieben werden konnten, sind in der Wörterliste in der Regel nicht aufgeführt.

Die **Reihenfolge** der Stichwörter entspricht denen der gängigen DUDEN-Empfehlungen. Die Umlaute ä, ö, ü und äu werden wie die nicht umgelauteten Buchstaben a, o, u und au eingeordnet.

Beispiel

A ng s t, die
 die **Ä** ng s t e
ä ng s t l i ch

Das **ß** wird wie ein Doppel-s behandelt. Bei ansonsten gleicher schriftlicher Wortform ist **ß** nach **ss** einsortiert.

Für die Sortierung nach dem Alphabet werden alle Grapheme, die aus zwei oder drei Buchstaben bestehen, in ihre Einzelbuchstaben aufgeteilt.

Alle Einträge, die aus mehreren Wörtern bestehen (wie *am meisten*), werden wie zusammengeschriebene Wörter aufgelistet.

Alle **Nomen** werden mit Artikel und der Pluralform angegeben. Die Phonemformen beziehen sich dabei jeweils nur auf die Grundform.

A b e n d, der die A b e n d e	aːbənt

Die **Verben** werden in dieser Form dargestellt:

a n f a ng e n f i ng a n, a n g e f a ng e n	anfaŋən

Die Verben bilden meistens die Form der 3. Person Singular, indem an den Wortstamm ein <t> angefügt wird, z. B. *er/sie/es komm + t*. Den Wortstamm ermittelt man, indem von der Infinitivform die Endung *-en* abgetrennt wird: *kommen – komm = er/sie/es komm-**t***. Wenn dagegen der Wortstamm auf <t> endet, wird in der Regel zwischen Wortstamm und dem <t> der 3. Person ein Schwa, schriftlich <e>, eingeschoben (Beispiel: *mieten – miet – er/sie/es miet e t*). Diese Fälle haben wir, wie auch die Verben mit Ab- und Umlaut sowie Orthographemen, in der Wörterliste vermerkt.

a n f a ng e n (er/sie/es f ä ng t a n) f i ng a n, a n g e f a ng e n	anfaŋən

Die **Adjektive** werden gesteigert:

a l t ä l t e r, am ä l t e s t e n	alt

Um die Übersichtlichkeit nicht zu beeinträchtigen, haben wir hier darauf verzichtet, weitere Hinweise über die Gründe bzw. Regularitäten für **Orthographeme** (die besonderen Schrifteinheiten) anzumerken. Dies würde den Rahmen dieser Wörterliste sprengen (dazu vgl. Siekmann 2021; Thomé, Thomé 2022b).

Zur Lautschrift

Die Lautschrift, mit der in diesem Buch die Phonemformen transkribiert werden, orientiert sich an den Empfehlungen der API (Association Phonétique Internationale) bzw. der IPA (International Phonetic Association). Die Angaben zur Lautung sind Lauteinheiten, die sich auf die **Standardlautung** beziehen. Es sind keine Lauteinheiten, die sich auf die konkrete Aussprache beziehen, sondern Phonemzeichen. Bei der Angabe der Lautstruktur werden nur die **Phoneme** dargestellt, weil sie in einem zahlenmäßig eindeutigen Verhältnis zu den schriftlichen Einheiten stehen (Beispielwörter zur Verdeutlichung der Lautschriftzeichen kann man auf S. 105 und S. 111 finden).

Manche Phoneme haben in der Aussprache regelmäßig unterschiedliche Formen, z. B. in *ich* und *Dach* hört und spricht man deutlich einen anderen Laut, nämlich [ç] und [x]. Aber beide Laute stehen für dasselbe Phonem. Für dieses gibt es jedoch noch keine allgemeingültige Transkription. Wir haben uns daher für das /x/ entschieden (s. Eisenberg 1988, S. 142; DUDEN-Grammatik 1984, S. 69; DUDEN-Aussprachewörterbuch 2015, S. 21), wohl wissend, dass es phonetisch als [ç] und [x] realisiert wird.

Bei zusammengesetzten Wortformen (z. B. in *Fahr + rad*), in denen an der **Morphemfuge** nur ein Laut (hier ein r-Laut) realisiert wird, werden zwei Phoneme transkribiert (/faːrraːt/), weil diese die systematische Begründung für die entsprechenden beiden Grapheme (r | r) liefern. Denn in der deutschen Orthographie gilt grundsätzlich: Es wird kein Graphem geschrieben, wo nicht auch ein Phonem in der Sprachsystematik vorhanden ist, und andersherum, wenn ein Phonem nach der Systematik vorhanden ist, muss auch ein Graphem geschrieben werden.

A B C D E F G H I J K L M N O P Q R S T U V W X Y Z

2 Wörterliste mit über 2.000 Haupteinträgen

Erste Spalte: Gliederung in Schrifteinheiten und **rote** Markierung der besonderen Schrifteinheiten (Orthographeme). Die häufigen Schrifteinheiten (Basisgrapheme) sind unmarkiert.
Zweite Spalte: Lauteinheiten (Phoneme)

A

a b	ap
A b e n d, der	aːbənt
die A b e n d e	
A b e n d b r o t, das (selten Plural)	aːbəntbroːt
A b e n d e ss e n, das (= auch Plural)	aːbəntɛsən
a b e n d s	aːbənts
a b e r	aːbər
A b f a ll, der	apfal
die A b f ä ll e	
a b m a ch e n (er/sie/es ma ch t a b)	apmaxən
m a ch t e a b, a b g e m a ch t	
A b s i ch t, die	apzɪxt
die A b s i ch t e n	
a ch	ax
a ch t	axt
a ch t e	axtə
a ch t z eh n	axtt͜seːn
a ch t z eh n t e	axtt͜seːntə
a ch t z i g	axtt͜sɪx
äh n l i ch	ɛːnlɪx
äh n l i ch e r, am äh n l i ch s t e n	
A ff e, der	afə
die A ff e n	
Ah n u ng, die	aːnʊŋ
die Ah n u ng e n	
A ll, das (ohne Plural)	al
a ll e	alə
a ll ei n	ala͜ɪn

a ll e r d i ng s	alərdɪŋs
a ll e s	aləs
a ll e s G u t e	aləs guːtə
a ll g e m ei n	algəma͜ɪn
a ll g e m ei n e r, am a ll g e m ei n s t e n	
a ll m äh l i ch	almɛːlɪx
a l s	als
a l s o	alzoː
a l t	alt
ä l t e r, am ä l t e s t e n	
A l t e r, das (selten Plural)	altər
a m	am
a m A b e n d	am aːbənt
a m b e s t e n	am bɛstən
A m ei s e, die	aːma͜ɪzə
die A m ei s e n	
a m m ei s t e n	am ma͜ɪstən
A m p e l, die (Fremdwort, Lehnwort)	ampəl
die A m p e l n	
a n	an
a n d e r e	andərə
a n d e r e s	andərəs
ä n d e r n (sich) (er/sie/es ä n d e r t (sich))	ɛndərn
ä n d e r t e (sich), (sich) g e ä n d e r t	
a n d e r s	andərs
A n f a ng, der	anfaŋ
die A n f ä ng e	
a n f a ng e n (er/sie/es f ä ng t a n)	anfaŋən
f i ng a n, a n g e f a ng e n	
a n f a ss e n (er/sie/es f a ss t a n)	anfasən
f a ss t e a n, a n g e f a ss t	
a n g e b e n (er/sie/es g i b t a n)	angeːbən
g a b a n, a n g e g e b e n	
A n g e b e r, der (= auch Plural)	angeːbər
A n g e b e r i n, die	angeːbərɪn
die A n g e b e r i nn e n	
A ng e l, die	aŋəl
die A ng e l n	

A B C D E F G H I J K L M N O P Q R S T U V W X Y Z

A n g r i ff, der	angrɪf
die A n g r i ff e	
A ng s t, die	aŋst
die Ä ng s t e	
ä ng s t l i ch	ɛŋstlɪx
ä ng s t l i ch e r, am ä ng s t l i ch s t e n	
a n k o mm e n (er/sie/es k o mm t a n)	ankɔmən
k a m a n, a n g e k o mm e n	
a n m a l e n (er/sie/es m a l t a n)	anmaːlən
m a l t e a n, a n g e m a l t	
A n n ah m e, die (Teile: An + nahme)	annaːmə
a n n eh m e n (er/sie/es n i mm t a n)	anneːmən
(an + nehmen) n ah m a n, a n g e n o mm e n	
A n o r a k, der (selten Plural, Fremd-, Lehnwort)	anoːrak
A n s i ch t, die	anzɪxt
die A n s i ch t e n	
A n s p r u ch, der	anʃprʊx
die A n s p r ü ch e	
a n s t r e ng e n (sich) (er/sie/es strengt (sich) an)	anʃtrɛŋən
s t r e ng t e (sich) an, (sich) a n g e s t r e ng t	
a n s t r e ng e n d	anʃtrɛŋənt
a n s t r e ng e n d e r,	
am a n s t r e ng e n d s t e n	
A n t e nn e, die (Fremdwort, Lehnwort)	antɛnə
die A n t e nn e n	
A n t r a g, der	antraːk
die A n t r ä g e	
A n t w o r t, die	antvɔrt
die A n t w o r t e n	
a n t w o r t e n (er/sie/es a n t w o r t e t)	antvɔrtən
a n t w o r t e t e, g e a n t w o r t e t	
A n w e n d u ng, die	anvɛndʊŋ
die A n w e n d u ng e n	
A n z ah l, die (selten Plural)	antsaːl
a n z ieh e n (er/sie/es z ieh t a n)	antsiːən
z o g a n, a n g e z o g e n	
A pf e l, der	apfəl
die Ä pf e l	

A pf e l s i n e, die (Fremdwort)	ap͜fəlziːnə
die A pf e l s i n e n	
A p r i l, der (Fremdwort, selten Plural)	aprɪl
A r b ei t, die	arba͜ɪt
die A r b ei t e n	
a r b ei t e n (er/sie/es a r b ei t e t)	arba͜ɪtən
a r b ei t e t e, g e a r b ei t e t	
A r b ei t e r, der (= auch Plural)	arba͜ɪtər
A r b ei t e r i n, die	arba͜ɪtərɪn
die A r b ei t e r i nn e n	
a r g	ark
ä r g e r, am ä r g s t e n	
Ä r g e r, der (= auch Plural)	ɛrgər
ä r g e r l i ch	ɛrgərlɪx
ä r g e r l i ch e r,	
am ä r g e r l i ch s t e n	
ä r g e r n (sich) (er/sie/es ä r g e r t (sich))	ɛrgərn
ä r g e r t e (sich), (sich) g e ä r g e r t	
a r g l o s	arkloːs
a r g l o s e r, am a r g l o s e s t e n	
a r m	arm
ä r m e r, am ä r m s t e n	
A r m, der	arm
die A r m e	
Ä r m e l, der	ɛrməl
die Ä r m e l	
A r m e, der	armə
die A r m e n	
A r t, die	art
die A r t e n	
a r t i g	artɪx
a r t i g e r, am a r t i g s t e n	
A r t i k e l, der (Fremdwort, Lehnwort)	artɪkəl
die A r t i k e l	
A r z t, der (Fremdwort, Lehnwort)	art͜st
die Ä r z t e	
Ä r z t i n, die (Fremdwort, Lehnwort)	ɛrt͜stɪn
die Ä r z t i nn e n	

A B C D E F G H I J K L M N O P Q R S T U V W X Y Z

A s t, der	ast
die Ä s t e	
au ch	a͜ʊx
au f	a͜ʊf
au f ei n m a l	a͜ʊf a͜ɪnma:l
Au f f a ss u ng, die (Teile: Auf + fassung)	a͜ʊffasʊŋ
die Au f f a ss u ng e n	
Au f g a b e, die	a͜ʊfga:bə
die Au f g a b e n	
au f g e b e n (er/sie/es g i b t au f)	a͜ʊfge:bən
g a b au f, au f g e g e b e n	
au f h e b e n (er/sie/es h e b t au f)	a͜ʊfhe:bən
h o b au f, au f g e h o b e n	
au f h ö r e n (er/sie/es h ö r t au f)	a͜ʊfhø:rən
h ö r t e au f, au f g e h ö r t	
au f m a ch e n (er/sie/es m a ch t au f)	a͜ʊfmaxən
m a ch t e au f, au f g e m a ch t	
Au f m e r k s a m k ei t, die	a͜ʊfmɛrkza:mka͜ɪt
die Au f m e r k s a m k ei t e n	
au f p a ss e n (er/sie/es p a ss t au f)	a͜ʊfpasən
p a ss t e au f, au f g e p a ss t	
au f r äu m e n (er/sie/es r äu m t au f)	a͜ʊfrɔ͜ʏmən
r äu m t e au f, au f g e r äu m t	
Au f r e g u ng, die	a͜ʊfre:gʊŋ
die Au f r e g u ng e n	
Au f s a tz, der	a͜ʊfza͜ts
die Au f s ä tz e	
au f s t eh e n (er/sie/es s t eh t au f)	a͜ʊfʃte:ən
s t a n d au f, au f g e s t a n d e n	
au f w a ch e n (er/sie/es w a ch t au f)	a͜ʊfvaxən
w a ch t e au f, au f g e w a ch t	
au f w e ck e n (er/sie/es w e ck t au f)	a͜ʊfvɛkən
w e ck t e au f, au f g e w e ck t	
au f W ie d e r s eh e n	a͜ʊf vi:dərze:ən
Au g e, das	a͜ʊgə
die Au g e n	
Au g e n b l i ck, der	a͜ʊgənblɪk
die Au g e n b l i ck e	

Au g u s t, der (Fremdwort, sehr selten Plural) aʊ̯gʊst
au s aʊ̯s
Au s d r u ck, der aʊ̯sdrʊk
die Au s d r ü ck e
au s ei n a n d e r aʊ̯saɪ̯nandər
au s f üh r e n (er/sie/es f üh r t au s) aʊ̯sfy:rən
f üh r t e au s, au s g e f üh r t
Au s f üh r u ng, die aʊ̯sfy:rʊŋ
die Au s f üh r u ng e n
au s g e f üh r t (s. au s f üh r e n) aʊ̯sgəfy:rt
au s g eh e n (er/sie/es g eh t au s) aʊ̯sge:ən
g i ng au s, au s g e g a ng e n
au s g e s p r o ch e n (s. s p r e ch e n) aʊ̯sgəʃprɔxə
Au s n ah m e, die aʊ̯sna:mə
die Au s n ah m e n
au s s eh e n (er/sie/es s ieh t au s) aʊ̯sze:ən
(Teile: aus + sehen)
s ah au s, au s g e s eh e n
Au s s i ch t, die (Teile: Aus + sicht) aʊ̯szɪxt
die Au s s i ch t e n
Au s s t e ll u ng, die (Teile: Aus + stellung) aʊ̯sʃtɛlʊŋ
die Au s s t e ll u ng e n
au ß e n aʊ̯sən
au ß e r aʊ̯sər
au ß e r d e m aʊ̯sərde:m
äu ß e r e ɔʏ̯sərə
au ß e r h a l b aʊ̯sərhalp
äu ß e r n (sich) (er/sie/es äu ß e r t (sich)) ɔʏ̯sərn
äu ß e r t e (sich), (sich) g e äu ß e r t
Äu ß e r u ng, die ɔʏ̯sərʊŋ
die Äu ß e r u ng e n
au s V e r s eh e n aʊ̯s fɛrze:ən
au s z ieh e n (sich) (er/sie/es z ieh t (sich) aus) aʊ̯st͡si:ən
z o g (sich) au s, (sich) au s g e z o g e n
Au t o, das (verkürztes Fremdwort) aʊ̯to:
die Au t o s
A x t, die akst
die Ä x t e

A
B
C
D
E
F
G
H
I
J
K
L
M
N
O
P
Q
R
S
T
U
V
W
X
Y
Z

B

B a ch, der die B ä ch e	bax
B a ck e, die die B a ck e n	bakə
b a ck e n (er/sie/es b ä ck t/b a ck t) b a ck t e (b u k), g e b a ck e n	bakən
B ä ck e r, der (= auch Plural)	bɛkər
B ä ck e r i n, die die B ä ck e r i nn e n	bɛkərın
B a d, das die B ä d e r	baːt
b a d e n (er/sie/es b a d e t) b a d e t e, g e b a d e t	baːdən
B a d e z i mm e r, das (= auch Plural)	baːdət͡sımər
B a d e w a nn e, die die B a d e w a nn e n	baːdəvanə
B a gg e r, der (= auch Plural)	bagər
B ah n, die die B ah n e n	baːn
b a l d	balt
B a ll, der die B ä ll e	bal
B a n a n e, die (Fremdwort) die B a n a n e n	baːnaːnə
B a n k, die (die Sitzbank) die B ä n k e	baŋk
B a n k, die (das Geldhaus) die B a n k e n	baŋk
B ä r, der die B ä r e n	bɛːr
B a r t, der die B ä r t e	baːrt
b a s t e l n (er/sie/es b a s t e l t) b a s t e l t e, g e b a s t e l t	bastəln
B a tt e r ie (Fremdwort) die B a tt e r i e n	batəriː

A B C D E F G H I J K L M N O P Q R S T U V W X Y Z

B au ch, der	baʊ̯x
die B äu ch e	
b au e n	baʊ̯ən
b au t e, g e b au t	
B au e r, der	baʊ̯ər
die B au e r n	
B au m, der	baʊ̯m
die B äu m e	
B e ch e r, der (= auch Plural)	bɛxər
B e d a r f, der (meist Singular)	bədarf
b e d e n k e n	bədɛŋkən
b e d a ch t e, b e d a ch t	
B e d e n k e n, die (nur Plural)	bədɛŋkən
b e d eu t e n (er/sie/es b e d eu t e t)	bədɔ̯ʏtən
b e d eu t e t e, b e d eu t e t	
B e d eu t u ng, die	bədɔ̯ʏtʊŋ
die B e d eu t u ng e n	
b e ei l e n (Teile: be + eilen)	bəaɪ̯lən
b e ei l t e, b e ei l t	
b e ei n d r u ck e n (Teile: be + eindrucken)	bəaɪ̯ndrʊkən
b e ei n d r u ck t e, b e ei n d r u ck t	
b e ei n f l u ss e n (Teile: be + einflussen)	bəaɪ̯nflʊsən
b e ei n f l u ss t e, b e ei n f l u ss t	
B ee r e, die	beːrə
die B ee r e n	
B e f eh l, der	bəfeːl
die B e f eh l e	
b e f eh l e n (er/sie/es b e f ieh l t)	bəfeːlən
b e f ah l, b e f oh l e n	
b e f i n d e n (er/sie/es b e f i n d e t)	bəfɪndən
b e f a n d, b e f u n d e n	
b e g i nn e n	bəgɪnən
b e g a nn, b e g o nn e n	
B e g r i ff, der	bəgrɪf
die B e g r i ff e	
b e h a l t e n (er/sie/es b e h ä l t)	bəhaltən
b e h ie l t, b e h a l t e n	
b ei	baɪ̯

b ei d e	baɪdə
b ei d e n	baɪdən
b ei m	baɪm
B ei n, das	baɪn
die B ei n e	
b ei n ah	baɪnaː
B ei s p ie l, das	baɪʃpiːl
die B ei s p ie l e	
b ei ß e n	baɪsən
b i ss, g e b i ss e n	
b e k a nn t	bəkant
b e k a nn t e r, am b e k a nn t e s t e n	
b e k o mm e n	bəkɔmən
b e k a m, b e k o mm e n	
b e l oh n e n	bəloːnən
b e l oh n t e, b e l oh n t	
B e l oh n u ng, die	bəloːnʊŋ
die B e l oh n u ng e n	
b e ll e n	bɛlən
b e ll t e, g e b e ll t	
B e n z i n, das (Fremdwort)	bɛntsiːn
B e s e n, der (= auch Plural)	beːzən
b e o b a ch t e n (er/sie/es b e o b a ch t e t)	bəoːbaxtən
b e o b a ch t e t e, b e o b a ch t e t	
b e q u e m (s. Anmerkungen unter: Q)	bəkveːm
b e q u e m e r, am b e q u e m s t e n	
b e r ei t	bəraɪt
(eher unüblich: b e r ei t e r, am b e r ei t e s t e n	
b e r ei t s	bəraɪts
B e r g, der	bɛrk
die B e r g e	
B e r i ch t, der	bərɪxt
die B e r i ch t e	
b e r i ch t e n (er/sie/es b e r i ch t e t)	bərɪxtən
b e r i ch t e t e, b e r i ch t e t	
B e r i ch t i g u ng, die	bərɪxtɪgʊŋ
die B e r i ch t i g u ng e n	

B e r u f, der	bəru:f
die B e r u f e	
b e r üh m t	bəry:mt
b e r üh m t e r, am b e r üh m t e s t e n	
B e sch ei d, der	bəʃaɪt
die B e sch ei d e	
b e sch l ie ß e n	bəʃli:sən
b e sch l o ss, b e sch l o ss e n	
b e s i tz e n	bəzɪtsən
b e s a ß, b e s e ss e n	
b e s o n d e r e	bəzɔndərə
b e s o n d e r s	bəzɔndərs
b e ss e r (s. g u t)	
b e s t e	bɛstə
b e s t eh e n	bəʃte:ən
b e s t a n d, b e s t a n d e n	
b e s t i mm e n	bəʃtɪmtən
b e s t i mm t e, b e s t i mm t	
B e s t i mm u ng, die	bəʃtɪmʊŋ
die B e s t i mm u ng e n	
B e s u ch, der	bəzu:x
die B e s u ch e	
b e s u ch e n	bəzu:xən
b e s u ch t e, b e s u ch t	
b e t r e ff e n d	bətrɛfənt
B e tt, das	bɛt
die B e tt e n	
b e v o r	bəfo:r
b e w e g e n (er/sie/es b e w e g t)	bəve:gən
b e w e g t e, b e w e g t	
B e w e g u ng, die	bəve:gʊŋ
die B e w e g u ng e n	
b e w ei s e n	bəvaɪzən
b e w ie s, b e w ie s e n	
b e z ah l e n	bətsa:lən
b e z ah l t e, b e z ah l t	
b e z ei ch n e n (er/sie/es b e z ei ch n e t)	bətsaɪxnən
b e z ei ch n e t e, b e z ei ch n e t	

B e z ieh u ng, die	bət͡si:ʊŋ
die B e z ieh u ng e n	
B e z u g, der	bət͡su:k
die B e z ü g e	
B i b e l, die (Fremdwort)	bi:bəl
b ie g e n (er/sie/es b ie g t)	bi:gən
b o g, g e b o g e n	
B ie n e, die	bi:nə
die B ie n e n	
b ie t e n (er/sie/es b ie t e t)	bi:tən
b o t, g e b o t e n	
B i l d, das	bɪlt
die B i l d e r	
b i l d e n (er/sie/es b i l d e t)	bɪldən
b i l d e t e, g e b i l d e t	
B i l d u ng, die (selten Plural)	bɪldʊŋ
b i ll i g	bɪlɪx
b i ll i g e r, am b i ll i g s t e n	
b i n (ich bin, s. s ei n, unregelmäßiges Verb)	bɪn
b i n d e n (er/sie/es b i n d e t)	bɪndən
b a n d, g e b u n d e n	
B i r n e, die	bɪrnə
die B i r n e n	
b i s	bɪs
b i s h e r	bɪshe:r
b i ss ch e n	bɪsxən
b i s t (du bist, s. s ei n, unregelmäßiges Verb)	bɪst
b i tt e	bɪtə
B i tt e, die	bɪtə
die B i tt e n	
b i tt e n (er/sie/es b i tt e t)	bɪtən
b a t, g e b e t e n	
b i tt e r	bɪtər
b i tt e r e r, am b i tt e r s t e n	
B l a tt, das	blat
die B l ä tt e r	
b l au	bla͡ʊ
b l au e r, am b l au(e) s t e n	

b l ei b e n — blaɪ͜bən
b l ie b, g e b l ie b e n
B l i ck, der — blɪk
die B l i ck e
b l i ck e n — blɪkən
b l i ck t e, g e b l i ck t
b l i n d — blɪnt
B l i tz, der — blɪt͜s
die B l i tz e
B l o ck, der — blɔk
die B l ö ck e
b l o ß — blo:s
b l üh e n — bly:ən
b l üh t e, g e b l üh t
B l u m e, die — blu:mə
die B l u m e n
B l u t, das (ohne Plural) — blu:t
B l ü t e, die — bly:tə
die B l ü t e n
b l u t e n (er/sie/es b l u t e t) — blu:tən
b l u t e t e, g e b l u t e t
B o d e n, der — bo:dən
die B ö d e n
B oh n e, die — bo:nə
die B oh n e n
b oh r e n — bo:rən
b oh r t e, g e b oh r t
B oo t, das — bo:t
die B oo t e
b ö s e — bø:zə
b ö s e r, am b ö s e s t e n
b o x e n — bɔk͜sən
b o x t e, g e b o x t
B r a n d, der — brant
die B r ä n d e
b r au ch e n — braʊ͜xən
b r au ch t e, g e b r au ch t

b r au n	braʊ̯n
b r au n e r, am b r au n s t e n	
b r a v (Fremdwort)	braːf
b r a v e r, am b r a v s t e n	
b r e ch e n (er/sie/es b r i ch t)	brɛxən
b r a ch, g e b r o ch e n	
b r ei t	braɪ̯t
b r ei t e r, am b r ei t e s t e n	
b r e m s e n	brɛmzən
b r e m s t e, g e b r e m s t	
b r e nn e n	brɛnən
b r a nn t e, g e b r a nn t	
B r ie f, der	briːf
die B r ie f e	
B r i ll e, die (Lehnwort)	brɪlə
die B r i ll e n	
b r i ng e n	brɪŋən
b r a ch t e, g e b r a ch t	
B r o t, das	broːt
die B r o t e	
B r ö t ch e n, das (= auch Plural)	brøːtxən
B r ü ck e, die	brʏkə
die B r ü ck e n	
B r u d e r, der	bruːdər
die B r ü d e r	
B u ch, das	buːx
die B ü ch e r	
b u n t	bʊnt
b u n t e r, am b u n t e s t e n	
B u r g, die	bʊrk
die B u r g e n	
B ü r g e r, der (= auch Plural)	bʏrgər
B ü r o, das (Fremdwort)	byːroː
die B ü r o s	
B ü r s t e, die	bʏrstə
die B ü r s t e n	
B u s, der	bʊs
die B u ss e	

B u sch, der | bʊʃ
die B ü sch e

B u tt e r, die (ohne Plural) | bʊtər

B u tt e r b r o t, das | bʊtərbro:t
die B u tt e r b r o t e

C

Wörter, die mit C beginnen, z. B. Cowboy und Computer, stehen außerhalb der Systematik der Phonem-Graphem-Beziehungen des Deutschen. Ein Problem bildet z. B. auch das Wort *Cent*, das erst seit der Währungsumstellung in der deutsche Sprache aufgekommen ist. Die Schreibung dieser Geldeinheit mit C am Anfang (C e n t) widerspricht den üblichen Gepflogenheiten der deutschen Orthographie. Man denke an semantisch verwandte Wörter (wie ***Z**entner, Pro**z**ent* oder ***Z**entimeter*), die die Affrikate /t͡s/ mit <z> verschriften.

D

d a | da:

d a b ei | da:ba͜ɪ

D a ch, das | dax
die D ä ch e r

d a d u r ch | da:dʊrx

d a f ü r | da:fy:r

d a g e g e n | da:ge:gən

d a h e r | da:he:r

d a h i n | da:hɪn

d a m a l s | da:ma:ls

D a m e, die | da:mə
die D a m e n

d a m i t | da:mɪt

d a n a ch | da:na:x

d a n e b e n | da:ne:bən

d a n k e | daŋkə

D a n k, der (ohne Plural) | daŋk

d a n k e n | daŋkən
d a n k t e, g e d a n k t

d a nn	dan
d a r a n	daːran
d a r au f	daːra͜ʊf
d a r au s	daːra͜ʊs
d a r i n	daːrɪn
D a r s t e ll u ng, die	daːrʃtɛlʊŋ
die D a r s t e ll u ng e n	
d a r ü b e r	daːryːbər
d a r u m	daːrʊm
d a r u n t e r	daːrʊntər
d a s	das
d a ss	das
d a s s e l b e (Teile: das + selbe)	daszɛlbə
d au e r n d	da͜ʊərnt
d au e r t	da͜ʊərt
d a v o n	daːfɔn
d a z u	daːt͜suː
D e ck e, die	dɛkə
die D e ck e n	
D e ck e l, der (= auch Plural)	dɛkəl
d ei n	da͜ɪn
d ei n e	da͜ɪnə
d ei n e m	da͜ɪnəm
d ei n e n	da͜ɪnən
d ei n e r	da͜ɪnər
d e m	deːm
d e m s e l b e n	deːmzɛlbən
d e n	deːn
d e n e n	deːnən
d e n k e n	dɛŋkən
d a ch t e, g e d a ch t	
d e nn	dɛn
d e n s e l b e n	deːnzɛlbən
d e r	deːr
d e r e n	deːrən
d e r g l ei ch e n	deːrgla͜ɪxən
d e r s e l b e	deːrzɛlbə
d e r s e l b e n	deːrzɛlbən

d e s	dɛs
d e s h a l b	dɛshalp
d e ss e n	dɛsən
d e s t o	dɛsto:
d eu t l i ch	dɔ͜ytlɪx
d eu t l i ch e r, am d eu t l i ch s t e n	
d eu t sch	dɔ͜ytʃ
D eu t sch e r, der	dɔ͜ytʃər
D eu t sch e, die	dɔ͜ytʃə
D eu t sch l a n d (ohne Plural)	dɔ͜ytʃlant
D e z e m b e r, der (Fremdwort, selten Plural)	de:t͜sɛmbər
d i ch	dɪx
D i ch t e r, der (= auch Plural)	dɪxtər
d i ck	dɪk
d i ck e r, am d i ck s t e n	
d ie	di:
d ie j e n i g e n	di:je:nɪgən
d ie n e n	di:nən
d ie n t e, g e d ie n t	
D ie n s t, der	di:nst
die D ie n s t e	
D ie n s t a g, der	di:nsta:k
die D ie n s t a g e	
d ie s	di:s
d ie s e	di:zə
d ie s e l b e	di:zɛlbə
d ie s e l b e n	di:zɛlbən
d ie s e m	di:zəm
d ie s e n	di:zən
d ie s e r	di:zər
d ie s e s	di:zəs
D i ng, das	dɪŋ
die D i ng e	
d i r	di:r
d o ch	dɔx
D o k t o r, der (Fremdwort)	dɔkto:r
die D o k t o r e n	

D o k t o r i n, die (Fremdwort)	dɔkto:rɪn
die D o k t o r i nn e n	
D o nn e r, der (selten Plural)	dɔnər
d o nn e r n (es d o nn e r t)	dɔnərn
d o nn e r t e, g e d o nn e r t	
D o nn e r s t a g, der	dɔnərsta:k
die D o nn e r s t a g e	
D o r f, das	dɔrf
die D ö r f e r	
d o r t	dɔrt
D o s e, die	do:zə
die D o s e n	
D r ah t, der	dra:t
die D r äh t e	
d r au ß e n	draʊsən
d r e ck i g	drɛkɪx
d r e ck i g e r, am d r e ck i g s t e n	
d r eh e n	dre:ən
d r eh t e, g e d r eh t	
d r ei	draɪ
d r ei m a l	draɪma:l
d r ei ß i g	draɪsɪx
d r ei z eh n	draɪtse:n
d r ei z eh n t e	draɪtse:ntə
d r i nn e n	drɪnən
d r i tt e	drɪtən
d r oh e n	dro:ən
d r oh t e, g e d r oh t	
d r ü b e n	dry:bən
D r u ck, der	drʊk
d r ü ck e n	drʏkən
d r ü ck t e, g e d r ü ck t	
d u	du:
d u mm	dʊm
d ü mm e r, am d ü mm s t e n	
D u mm h ei t, die	dʊmhaɪt
die D u mm h ei t e n	
D ü n e, die	dy:nə
die D ü n e n	

d u n k e l	dʊŋkəl
d u n k l e r, am d u n k e l s t e n	
d u n k e l b l au	dʊŋkəlblaʊ̯
d u n k e l b r au n	dʊŋkəlbraʊ̯n
d ü nn	dʏn
d ü nn e r, am d ü nn s t e n	
d u r ch	dʊrx
d u r ch au s	dʊrxaʊ̯s
d ü r f e n (er/sie/es d a r f)	dʏrfən
d u r f t e, g e d u r f t	
D u r s t, der	dʊrst
d u r s t i g	dʊrstɪx
d u r s t i g e r, am d u r s t i g s t e n	
D u sch e, die	du:ʃə
die D u sch e n	
d u sch e n	du:ʃən
d u sch t e, g e d u sch t	

E

E bb e, die (ohne Plural)	ɛbə
e b e n	e:bən
e b e n f a ll s	e:bənfals
e b e n s o	e:bənzo:
e ch t	ɛxt
e ch t e r, am e ch t e s t e n	
E ck e, die	ɛkə
die E ck e n	
e ck i g	ɛkɪx
e g a l	e:ga:l
eh e	e:ə
eh e r, am eh e s t e n	
Eh e, die	e:ə
die Eh e n	
Eh r e, die	e:rə
eh r l i ch	e:rlɪx
eh r l i ch e r, am eh r l i ch s t e n	

Ei, das	aɪ
die Eier	
eigene	aɪgənə
eigenen	aɪgənən
eigentlich	aɪgəntlɪx
eilen	aɪlən
eilte, geeilt	
Eimer, der (= auch Plural)	aɪmər
ein	aɪn
einander	aɪnandər
Eindruck, der	aɪndrʊk
die Eindrücke	
eine	aɪnə
einem	aɪnəm
einen	aɪnən
einer	aɪnər
eines	aɪnəs
einfach	aɪnfax
einfacher, am einfachsten	
Einfluss, der	aɪnflʊs
die Einflüsse	
eingehen (er/sie/es geht ein)	aɪnge:ən
ging ein, eingegangen	
einige(n)	aɪnɪgə(n)
einkaufen (er/sie/es kauft ein)	aɪnkaʊfən
kaufte ein, eingekauft	
einmal	aɪnma:l
einpacken (er/sie/es packt ein)	aɪnpakən
packte ein, eingepackt	
eins	aɪns
einst	aɪnst
eintreten (er/sie/es tritt ein)	aɪntre:tən
trat ein, eingetreten	
einzeln	aɪntsəln
einzelne	aɪntsəlnə
einzelnen	aɪntsəlnən
einzig	aɪntsɪx
einzigen	aɪntsɪgən

Ei s, das (= auch Plural) — aɪ̯s

Ei s e n b ah n, die — aɪ̯zənbaːn

die Ei s e n b ah n e n

E l e f a n t, der (Fremdwort) — eːləfant

die E l e f a n t e n

Die Vokaleigenschaften (gerundet und lang bzw. offen und kurz), die bei deutschen Wörtern stets gemeinsam auftreten, können bei Fremdwörtern auch getrennt vorkommen. Das heißt hier, dass das erste e in *Elefant* zwar kurz zu sprechen ist, aber von seiner Qualität her gerundet zu artikulieren ist, was im Deutschen einem Langvokal zukäme. In solchen Fällen wird hier als Phonem ein Langvokal angegeben, der ausnahmsweise aber kurz zu sprechen ist.

e l f — ɛlf

e l f t e — ɛlftə

E l t e r n, die (nur Plural) — ɛltərn

e m pf a ng e n (er/sie/es e m pf ä ng t) — ɛmp͜faŋən

e m pf i ng, e m pf a ng e n

e m pf eh l e n (er/sie/es e m pf ieh l t) — ɛmp͜feːlən

e m pf ah l, e m pf oh l e n

e m pf i n d e n (er/sie/es e m pf i n d e t) — ɛmp͜fɪndən

e m pf a n d, e m pf u n d e n

e m pf i n d l i ch — ɛmp͜fɪntlɪx

e m pf i n d l i ch e r

am e m pf i n d l i ch s t e n

E n d e, das — ɛndə

die E n d e n

e n d l i ch — ɛntlɪx

e ng — ɛŋ

e ng e r, am e ng s t e n

e ng l i sch — ɛŋlɪʃ

e n t d e ck e n (Teile: ent + decken) — ɛntdɛkən

e n t d e ck t e, e n t d e ck t

E n t e, die — ɛntə

die E n t e n

e n t f e r n e n — ɛntfɛrnən

e n t f e r n t e, e n t f e r n t

e n t f e r n t — ɛntfɛrnt

e n t f e r n t e r, am e n t f e r n t e s t e n

E n t f e r n u ng, die	ɛntfɛrnʊŋ
die E n t f e r n u ng e n	
e n t g e g e n	ɛntge:gən
e n t h ä l t (s. e n t h a l t e n)	ɛnthɛlt
e n t h a l t e n (er/sie/es e n t h ä l t)	ɛnthaltən
e n t h ie l t, e n t h a l t e n	
E n t sch ei d u ng, die	ɛntʃaɪdʊŋ
die E n t sch ei d u ng e n	
e n t sch u l d i g e n (er/sie/es e n t sch u l d i g t)	ɛntʃʊldɪgən
e n t sch u l d i g t e, e n t sch u l d i g t	
E n t sch u l d i g u ng, die	ɛntʃʊldɪgʊŋ
die E n t sch u l d i g u ng e n	
e n t t äu sch e n (Teile: ent + täuschen)	ɛnttɔʏʃən
e n t t äu sch t e, e n t t äu sch t	
e n t w e d e r	ɛntve:dər
e n t w i ck e l n (er/sie/es e n t w i ck e l t)	ɛntvɪkəln
e n t w i ck e l t e, e n t w i ck e l t	
E n t w i ck l u ng, die	ɛntvɪklʊŋ
die E n t w i ck l u ng e n	
e r	e:r
E r b s e, die	ɛrpsə
die E r b s e n	
E r d b ee r e, die	e:rtbe:rə
die E r d b ee r e n	
E r d e, die (meist Singular)	e:rdə
e r f ah r e n (er/sie/es e r f äh r t)	ɛrfa:rən
e r f uh r, e r f ah r e n	
E r f ah r u ng, die	ɛrfa:rʊŋ
die E r f ah r u ng e n	
e r f a n d (s. e r f i n d e n)	ɛrfant
e r f i n d e n (er/sie/es e r f i n d e t)	ɛrfɪndən
e r f a n d, e r f u n d e n	
E r f o l g, der	ɛrfɔlk
die E r f o l g e	
e r f o l g e n (er/sie/es e r f o l g t)	ɛrfɔlgən
e r f o l g t e, e r f o l g t	
e r f ü ll e n	ɛrfʏlən
e r f ü ll t e, e r f ü ll t	

Ergebnis, das	ɛrge:pnɪs
die Ergebnisse	
erhält (s. erhalten)	ɛrhɛlt
erhalten (er/sie/es erhält)	ɛrhaltən
erhielt, erhalten	
erheben (er/sie/es erhebt)	ɛrhe:bən
erhob, erhoben	
erinnern (er/sie/es erinnert)	ɛrɪnərn
erinnerte, erinnert	
erkennen	ɛrkɛnən
erkannte, erkannt	
erklären	ɛrklɛ:rən
erklärte, erklärt	
Erklärung, die	ɛrklɛ:rʊŋ
die Erklärungen	
erlauben (er/sie/es erlaubt)	ɛrlaʊ̯bən
erlaubte, erlaubt	
Erlaubnis, die	ɛrlaʊ̯pnɪs
die Erlaubnisse	
erleben (er/sie/es erlebt)	ɛrle:bən
erlebte, erlebt	
Erlebnis, das	ɛrle:pnɪs
die Erlebnisse	
ernst	ɛrnst
ernster, am ernstesten	
Ernst, der (ohne Plural)	ɛrnst
erreichen (Teile: er + reichen)	ɛrraɪ̯xən
erreichte, erreicht	
erscheinen	ɛrʃaɪ̯nən
erschien, erschienen	
Erscheinung, die	ɛrʃaɪ̯nʊŋ
die Erscheinungen	
erschrecken (er/sie/es erschrickt)	ɛrʃrɛkən
erschrak, erschrocken	
erst	ɛrst
erstaunt	ɛrʃtaʊ̯nt
erstaunter, am erstauntesten	
erste	ɛrstə
erstens	ɛrstəns

e r w a r t e n (er/sie/es e r w a r t e t)	ɛrvartən
e r w a r t e t e, e r w a r t e t	
e r w i d e r n (er/sie/es e r w i d e r t)	ɛrviːdərn
e r w i d e r t e, e r w i d e r t	
e r z äh l e n	ɛrt͡sɛːlən
e r z äh l t e, e r z äh l t	
E r z äh l u ng, die	ɛrt͡sɛːlʊŋ
die E r z äh l u ng e n	
e s	ɛs
E s e l, der (= auch Plural)	eːzəl
e ss e n (er/sie/es i ss t)	ɛsən
a ß, g e g e ss e n	
E ss e n, das (= auch Plural)	ɛsən
e t w a	ɛtvaː
e t w a s	ɛtvas
eu ch	ɔ͡ʏx
eu e r	ɔ͡ʏər
Eu l e, die	ɔ͡ʏlə
die Eu l e n	
eu r e	ɔ͡ʏrə
Eu r o, der	ɔ͡ʏroː
die Eu r o s (aber: 10 Eu r o)	
Eu r o p a, das (ohne Plural)	ɔ͡ʏroːpaː
e x t r a (Fremdwort)	ɛk͡straː

F

F a b r i k, die (Fremdwort)	fabrɪk (fabriːk)
die F a b r i k e n	
f ah r e n (er/sie/es f äh r t)	faːrən
f uh r, g e f ah r e n	
F ah r r a d, das (Teile: Fahr + rad)	faːrraːt
die F ah r r ä d e r	
F ah r t, die	faːrt
die F ah r t e n	
F a ll, der	fal
die F ä ll e	

F a ll e, die | falə
die F a ll e n
f a ll e n (er/sie/es f ä ll t) | falən
f ie l, g e f a ll e n
f a ll s (Teile: fall + s) | fals
f a l sch | falʃ
F a m i l i e, die (Fremdwort) | fami:li:ə
die F a m i l i e n
f a ng e n (er/sie/es f ä ng t) | faŋən
f i ng, g e f a ng e n
F a r b e, die | farbə
die F a r b e n
f a ss e n | fasən
f a ss t e, g e f a ss t
f a s t | fast
F e b r u a r, der (Fremdwort, selten Plural) | fe:bru:a:r
F e d e r, die | fe:dər
die F e d e r n
f eh l e n | fe:lən
f eh l t e, g e f eh l t
F eh l e r, der (= auch Plural) | fe:lər
f eh l e r f r ei | fe:lərfraɪ
f ei e r l i ch | faɪərlɪx
f ei e r l i ch e r, am f ei e r l i ch s t e n
f ei e r n (er/sie/es f ei e r t) | faɪərn
f ei e r t e, g e f ei e r t
f ei n | faɪn
f ei n e r, am f ei n s t e n
F ei n d, der | faɪnt
die F ei n d e
f ei n d l i ch | faɪntlɪx
f ei n d l i ch e r, am f ei n d l i ch s t e n
F e l d, das | fɛlt
die F e l d e r
F e n s t e r, das (= auch Plural) | fɛnstər
F e r i e n, die (nur Plural) (Fremdwort) | fe:ri:ən
f e r n | fɛrn
f e r n e r, am f e r n s t e n

A B C D E F G H I J K L M N O P Q R S T U V W X Y Z

A B C D E F G H I J K L M N O P Q R S T U V W X Y Z

fernsehen (er/sie/es sieht fern)	fɛrnzeːən
sah fern, ferngesehen	
Fernseher, der (= auch Plural)	fɛrnzeːər
fertig	fɛrtɪx
fest	fɛst
fester, am festesten	
Fest, das	fɛst
die Feste	
festhalten (er/sie/es hält fest)	fɛsthaltən
hielt fest, festgehalten	
fett	fɛt
fetter, am fettesten	
Fett, das	fɛt
die Fette	
feucht	fɔʏxt
feuchter, am feuchtesten	
Feuchtigkeit, die (meist Singular)	fɔʏxtɪxkaɪt
Feuer, das (= auch Plural)	fɔʏər
Fibel, die (Fremdwort)	fiːbəl
Figur, die (Fremdwort)	fɪguːr
die Figuren	
Film, der	fɪlm
die Filme	
Filzschreiber, der (= auch Plural)	fɪltsʃraɪbər
finden (er/sie/es findet)	fɪndən
fand, gefunden	
Finger, der (= auch Plural)	fɪŋər
Fisch, der	fɪʃ
die Fische	
Flagge, die	flagə
die Flaggen	
Flasche, die	flaʃə
die Flaschen	
Fleisch, das (ohne Plural)	flaɪʃ
Fleiß, der (ohne Plural)	flaɪs
fleißig	flaɪsɪx
fleißiger, am fleißigsten	
Fliege, die	fliːgə
die Fliegen	

f l ie g e n (er/sie/es f l ie g t)	fliːgən
f l o g, g e f l o g e n	
f l ieh e n (er/sie/es f l ieh t)	fliːən
f l oh, g e f l oh e n	
f l ie ß e n (er/sie/es f l ie ß t)	fliːsən
f l o ss, g e f l o ss e n	
F l ü g e l, der (= auch Plural)	flyːgəl
F l u g z eu g, das	fluːkts͜ɔʏk
die F l u g z eu g e	
F l u ss, der	flʊs
die F l ü ss e	
f l ü ss i g	flʏsɪx
f l ü ss i g e r, am f l ü ss i g s t e n	
F l ü ss i g k ei t, die	flʏsɪxka͜ɪt
die F l ü ss i g k ei t e n	
F l u t, die	fluːt
die F l u t e n	
F o l g e, die	fɔlgə
die F o l g e n	
f o l g e n (er/sie/es f o l g t)	fɔlgən
f o l g t e, g e f o l g t	
F o r m, die	fɔrm
die F o r m e n	
f o r m e n	fɔrmən
f o r m t e, g e f o r m t	
f o r t	fɔrt
F r a g e, die	fraːgə
die F r a g e n	
f r a g e n (er/sie/es f r a g t)	fraːgən
f r a g t e, g e f r a g t	
f r a n z ö s i sch	fran͜tsøːzɪʃ
F r au, die	fra͜ʊ
die F r au e n	
f r e ch	frɛx
f r e ch e r, am f r e ch s t e n	
f r ei	fra͜ɪ
f r ei e r, am f r ei e s t e n	
F r ei h ei t, die	fra͜ɪha͜ɪt
die F r ei h ei t e n	

F r ei t a g, der   fraɪtaːk
die F r ei t a g e

f r e m d   frɛmt
f r e m d e r, am f r e m d e s t e n

F r e m d e, der/die   frɛmdə
die F r e m d e n

f r e ss e n (er/sie/es f r i ss t)   frɛsən
f r a ß, g e f r e ss e n

F r eu d e, die   frɔʏdə
die F r eu d e n

f r eu e n   frɔʏən
f r eu t e, g e f r eu t

F r eu n d, der   frɔʏnt
die F r eu n d e

F r eu n d i n, die   frɔʏndɪn
die F r eu n d i nn e n

f r eu n d l i ch   frɔʏntlɪx
f r eu n d l i ch e r, am f r eu n d l i ch s t e n

F r eu n d sch a f t, die   frɔʏntʃaft
die F r eu n d sch a f t e n

F r ie d e n, der (ohne Plural)   friːdən

f r ie d l i ch   friːtlɪx
f r ie d l i ch e r, am f r ie d l i ch s t e n

f r ie r e n   friːrən
f r o r, g e f r o r e n

f r i sch   frɪʃ
f r i sch e r, am f r i sch e s t e n

f r oh   froː
f r oh e r, am f r oh e s t e n

f r öh l i ch   frøːlɪx
f r öh l i ch e r, am f r öh l i ch s t e n

F r o sch, der   frɔʃ
die F r ö sch e

F r u ch t, die   frʊxt
die F r ü ch t e

f r üh   fryː
f r üh e r, am f r üh e s t e n (f r üh s t e n)

F r üh l i ng, der (ohne Plural)   fryːlɪŋ

F r üh s t ü ck, das	fry:ʃtʏk
die F r üh s t ü ck e	
f r üh s t ü ck e n	fry:ʃtʏkən
f r üh s t ü ck t e, g e f r üh s t ü ck t	
F u chs, der	fʊks
die F ü chs e	
f üh l e n	fy:lən
f üh l t e, g e f üh l t	
f üh r e n	fy:rən
f üh r t e, g e f üh r t	
f ü ll e n	fʏlən
f ü ll t e, g e f ü ll t	
F ü ll e r, der (= auch Plural)	fʏlər
f ü n f	fʏnf
f ü n f t e	fʏnftə
f ü n f z eh n	fʏnftse:n
f ü n f z eh n t e	fʏnftse:ntə
f ü n f z i g	fʏnftsɪx
f ü r	fy:r
F u r ch t, die (ohne Plural)	fʊrxt
f u r ch t b a r	fʊrxtba:r
f u r ch t b a r e r, am f u r ch t b a r s t e n	
f ü r ch t e n (er/sie/es f ü r ch t e t)	fʏrxtən
f ü r ch t e t e, g e f ü r ch t e t	
f ü r ch t e r l i ch	fʏrxtərlɪx
f ü r ch t e r l i ch e r, am f ü r ch t e r l i ch s t e n	
F u ß, der	fu:s
die F ü ß e	
F u ß b a ll, der	fu:sbal
die F u ß b ä ll e	
F u ß g ä ng e r, der (= auch Plural)	fu:sgɛŋər
f ü tt e r n (er/sie/es f ü tt e r t)	fʏtərn
f ü tt e r t e, g e f ü tt e r t	

G

G a b e l, die	ga:bəl
die G a b e l n	

G a n s, die	gans
die G ä n s e	
g a n z	gants
g a n z e	gantsə
g a n z e n	gantsən
g a n z e r	gantsər
g a r	gaːr
G a r t e n, der	gartən
die G ä r t e n	
G a s t, der	gast
die G ä s t e	
G e b äu d e, das (= auch Plural)	gəbɔʏdə
g e b e n (er/sie/es g i b t (giːpt), auch g i b t (gɪpt)	geːbən
g a b, g e g e b e n	
G e b ie t, das	gəbiːt
die G e b ie t e	
g e b o g e n (s. b ie g e n)	gəboːgən
g e b o r e n	gəboːrən
G e b r au ch, der	gəbraʊx
die G e b r äu ch e	
g e b r o ch e n (s. b r e ch e n)	gəbrɔxən
g e b u n d e n (s. b i n d e n)	gəbʊndən
G e b u r t, die	gəbʊrt
die G e b u r t e n	

Im DUDEN-Aussprachewörterbuch (2015, S. 392) werden die Varianten in der Reihenfolge gəbuːrt, gəbʊrt genannt.

G e b u r t s t a g, der (s. auch G e b u r t)	gəbʊrtstaːk
die G e b u r t s t a g e	
G e d a n k e, der	gədaŋkə
die G e d a n k e n	
G e f ah r, die	gəfaːr
die G e f ah r e n	
g e f ah r e n (s. f ah r e n)	gəfaːrən
g e f äh r l i ch	gəfɛːrlɪx
g e f äh r l i ch e r, am g e f äh r l i ch s t e n	
g e f a ll e n (er/sie/es g e f ä ll t)	gəfalən
g e f ie l, g e f a ll e n	
G e f a ll e n, der (= auch Plural)	gəfalən

g e f a ng e n (s. f a ng e n)	gəfaŋən
g e f a ss t (s. f a ss e n)	gəfast
g e f l o g e n (s. f l ie g e n)	gəflo:gən
g e f l o ss e n (s. f l ie ß e n)	gəflɔsən
g e f r a g t (s. f r a g e n)	gəfra:kt
g e f r e ss e n (s. f r e ss e n)	gəfrɛsən
g e f r o r e n (s. f r ie r e n)	gəfro:rən
G e f üh l, das	gəfy:l
die G e f üh l e	
g e f üh r t (s. f üh r e n)	gəfy:rt
g e f u n d e n (s. f i n d e n)	gəfʊndən
g e g e b e n (s. g e b e n)	
g e g e n	ge:gən
G e g e n d, die	ge:gənt
die G e g e n d e n	
G e g e n s t a n d, der	ge:gənʃtant
die G e g e n s t ä n d e	
g e g e n ü b e r	ge:gəny:bər
G e g e n w a r t, die (selten Plural)	ge:gənvart
g e g e n w ä r t i g	ge:gənvɛrtɪx
g e g e ss e n (s. e ss e n)	gəgɛsən
G e g n e r, der (= auch Plural)	ge:knər
g e g o ss e n (s. g ie ß e n)	gəgɔsən
g e g r i ff e n (s. g r ei f e n)	gəgrɪfən
g e g u ck t (s. g u ck e n)	gəgʊkt
g e h a b t (s. h a b e n)	gəhapt
g e h a l t e n (s. h a l t e n)	gəhaltən
g e h ei m	gəhaɪ̯m
g e h ei m e r, am g e h ei m s t e n	
G e h ei m n i s, das	gəhaɪ̯mnɪs
die G e h ei m n i ss e	
g eh e n	ge:ən
g i ng, g e g a ng e n	
g e h o b e n (s. h e b e n)	gəho:bən
g e h o l f e n (s. h e l f e n)	gəhɔlfən
g e h o l t (s. h o l e n)	gəho:lt
g e h ö r e n	gəhø:rən
g e h ö r t e, g e h ö r t	

A B C D E F G H I J K L M N O P Q R S T U V W X Y Z

G ei s t, der	gaɪ̯st
die G ei s t e r	
g e k l e b t (s. k l e b e n)	gəkle:pt
g e k l e tt e r t (s. k l e tt e r n)	gəklɛtərt
g e k o mm e n (s. k o mm e n)	gəkɔmən
g e k r ie g t (s. k r ie g e n)	gəkri:kt
g e k r o ch e n (s. k r ie ch e n)	gəkrɔxən
g e l b	gɛlp
g e l b e r, am g e l b s t e n	
G e l d, das	gɛlt
die G e l d e r	
G e l e g e n h ei t, die	gəle:gənhaɪ̯t
die G e l e g e n h ei t e n	
g e l e g t (s. l e g e n)	gəle:kt
g e l i ng e n	gəlɪŋən
g e l a ng, g e l u ng e n	
g e l o g e n (s. l ü g e n)	gəlo:gən
g e l t e n (er/sie/es g i l t)	gɛltən
g a l t, g e g o l t e n	
G e m ei n d e, die	gəmaɪ̯ndə
die G e m ei n d e n	
g e m ei n s a m	gəmaɪ̯nsa:m
g e m e r k t (s. m e r k e n)	gəmɛrkt
G e m ü s e, das (= auch Plural)	gəmy:zə
g e m ü t l i ch	gəmy:tlɪx
g e m ü t l i ch e r, am g e m ü t l i ch s t e n	
g e n a nn t (s. n e nn e n)	gənant
g e n au	gənaʊ̯
g e n au e r, am g e n au e s t e n	
g e n o mm e n (s. n eh m e n)	gənɔmən
g e n u g	gənu:k
g e r a d e	gəra:də
g e r a d e r, am g e r a d e s t e n	
g e r a d e au s	gəra:dəaʊ̯s
g e r n	gɛrn
l ie b e r, am l ie b s t e n	
g e sch a ff t (s. sch a ff e n)	gəʃaft
G e sch ä f t, das	gəʃɛft
die G e sch ä f t e	

geschehen (er/sie/es geschieht)	gəʃeːən
geschah, geschehen	
Geschenk, das	gəʃɛŋk
die Geschenke	
geschenkt (s. schenken)	gəʃɛŋkt
Geschichte, die	gəʃɪxtə
die Geschichten	
geschieht (s. geschehen)	gəʃiːt
geschimpft (s. schimpfen)	gəʃɪmp͜ft
geschlossen (s. schließen)	gəʃlɔsən
geschnitten (s. schneiden)	gəʃnɪtən
geschoben (s. schieben)	gəʃoːbən
geschrieben (s. schreiben)	gəʃriːbən
geschwommen (s. schwimmen)	gəʃvɔmən
Gesellschaft, die	gəzɛlʃaft
die Gesellschaften	
gesessen (s. sitzen)	gəzɛsən
Gesetz, das	gəzɛt͜s
die Gesetze	
gesetzt (s. setzen)	gəzɛt͜st
Gesicht, das	gəzɪxt
die Gesichter	
gespielt (s. spielen)	gəʃpiːlt
gesprochen (s. sprechen)	gəʃprɔxən
gesprungen (s. springen)	gəʃprʊŋən
Gestalt, die	gəʃtalt
die Gestalten	
gestalten (er/sie/es gestaltet)	gəʃtaltən
gestaltete, gestaltet	
gestellt (s. stellen)	gəʃtɛlt
gestern	gɛstərn
gestohlen (s. stehlen)	gəʃtoːlən
gestorben (s. sterben)	gəʃtɔrbən
gestoßen (s. stoßen)	gəʃtoːsən
gestürzt (s. stürzen)	gəʃtʏrt͜st
gesund	gəzʊnt
gesünder, am gesündesten	
gesungen (s. singen)	gəzʊŋən

getan (s. tun)	gəta:n
getroffen (s. treffen)	gətrɔfən
getrunken (s. trinken)	gətrʊŋkən
gewachsen (s. wachsen)	gəvaksən
Gewalt, die	gəvalt
die Gewalten	
gewesen (es war gewesen, s. sein)	gəve:zən
Gewinn, der	gəvɪn
die Gewinne	
gewinnen	gəvɪnən
gewann, gewonnen	
gewiss	gəvɪs
gewisser, am gewissesten	
Gewissen, das (= auch Plural)	gəvɪsən
Gewitter, das (= auch Plural)	gəvɪtər
gewöhnlich	gəvø:nlɪx
gewonnen (s. gewinnen)	gəvɔnən
geworden (s. werden)	gəvɔrdən
geworfen (s. werfen)	gəvɔrfən
gewusst (s. wissen)	gəvʊst
gezankt (s. zanken)	gətsaŋkt
gezeigt (s. zeigen)	gətsaɪkt
gezogen (s. ziehen)	gətso:gən
gibt (auch gibt, s. geben)	gɪpt (gi:pt)
gießen	gi:sən
goss, gegossen	
giftig	gɪftɪx
giftiger, am giftigsten	
Glas, das	gla:s
die Gläser	
glatt	glat
glatter, am glattesten	
Glaube, der (ohne Plural)	glaʊbə
glauben (er/sie/es glaubt)	glaʊbən
glaubte, geglaubt	
gleich	glaɪx
gleichen	glaɪxən
glich, geglichen	

g l ei ch z ei t i g	glaɪxtsaɪtɪx
g l ei ch z ei t i g e r, am g l ei ch z ei t i g s t e n	
G l ü ck, das (ohne Plural)	glʏk
g l ü ck l i ch	glʏklɪx
g l ü ck l i ch e r, am g l ü ck l i ch s t e n	
g l üh e n	glyːən
g l üh t e, g e g l üh t	
G o l d, das (ohne Plural)	gɔlt
g o l d e n	gɔldən
g o l d e n e r, am g o l d e n s t e n	
g o l d i g	gɔldɪx
g o l d i g e r, am g o l d i g s t e n	
G o tt, der	gɔt
die G ö tt e r	
g r a b e n (er/sie/es g r ä b t)	graːbən
g r u b, g e g r a b e n	
G r a s, das	graːs
die G r ä s e r	
g r a t u l ie r e n (Fremdwort)	gratuːliːrən
g r a t u l ie r t e, g r a t u l ie r t	
g r ei f e n	graɪfən
g r i ff, g e g r i ff e n	
G r e n z e, die	grɛntsə
die G r e n z e n	
g r o ß	groːs
g r ö ß e r, am g r ö ß t e n	
G r ö ß e, die	grøːsə
die G r ö ß e n	
g r ü n	gryːn
g r ü n e r, am g r ü n s t e n	
G r u n d, der	grʊnt
die G r ü n d e	
g r ü n d e n (er/sie/es g r ü n d e t)	grʏndən
g r ü n d e t e, g e g r ü n d e t	
G r u n d l a g e, die	grʊntlaːgə
die G r u n d l a g e n	
G r u n d s a tz, der	grʊntzats
die G r u n d s ä tz e	

A B C D E F G H I J K L M N O P Q R S T U V W X Y Z

G r u pp e, die	grʊpə
die G r u pp e n	
G r u ß, der	gruːs
die G r ü ß e	
g r ü ß e n	gryːsən
g r ü ß t e, g e g r ü ß t	
g u ck e n	gʊkən
g u ck t e, g e g u ck t	
G u r k e, die	gʊrkə
die G u r k e n	
G ü r t e l, der (= auch Plural)	gʏrtəl
g u t	guːt
b e ss e r, am b e s t e n	

H

H aa r, das	haːr
die H aa r e	
h a b e n (er/sie/es h a t)	haːbən
h a tt e, g e h a b t	
H a f e n, der	haːfən
die H ä f e n	
H ah n, der	haːn
die H äh n e	
h a l b	halp
h a l b e	halbə
H ä l f t e, die	hɛlftə
die H ä l f t e n	
h a ll o	haloː
H a l s, der	hals
die H ä l s e	
h a l t e n (er/sie/es h ä l t)	haltən
h ie l t, g e h a l t e n	
H a mm e r, der	hamər
die H ä mm e r	
H a n d, die	hant
die H ä n d e	
H a n d e l, der (Plural, veraltet: die H ä n d e l)	handəl

h a n d e l n (er/sie/es h a n d e l t)	handəln
h a n d e l t e, g e h a n d e l t	
H a n d t u ch, das	hanttuːx
die H a n d t ü ch e r	
h ä ng e n	hɛŋən
h i ng, g e h a ng e n	
H a ng, der	haŋ
die H ä ng e	
h a r t	hart
h ä r t e r, am h ä r t e s t e n	
H a s e, der	haːzə
die H a s e n	
H a s t, die (ohne Plural)	hast
h a t (s. h a b e n)	hat
h a tt e (s. h a b e n)	hatə
h au e n	haʊ̯ən
h au t e (h ie b), g e h au e n	
H au f e n, der (= auch Plural)	haʊ̯fən
h äu f i g	hɔʏ̯fɪx
h äu f i g e r, h äu f i g s t e n	
H au p t s a ch e, die	haʊ̯ptzaxə
die H au p t s a ch e n	
h au p t s ä ch l i ch	haʊ̯ptzɛxlɪx
H au s, das	haʊ̯s
die H äu s e r	
H au s sch uh, der	haʊ̯sʃuː
die H au s sch uh e	
H au t, die	haʊ̯t
die H äu t e	
h e b e n (er/sie/es h e b t)	heːbən
h o b, g e h o b e n	
H ee r, das	heːr
die H ee r e	
H e f t, das	hɛft
die H e f t e	
h ei l i g	haɪ̯lɪx
h ei ß	haɪ̯s
h ei ß e r, am h ei ß e s t e n	

A B C D E F G H I J K L M N O P Q R S T U V W X Y Z

h ei ß e n (er/sie/es h ei ß t)	haɪsən
h ie ß, g e h ei ß e n	
h ei z e n	haɪtsən
h ei z t e, g e h ei z t	
H ei z u ng, die	haɪtsʊŋ
die H ei z u ng e n	
H e l d, der	hɛlt
H e l d e n	
H e l d i n, die	hɛldɪn
die H e l d i nn e n	
h e l f e n (er/sie/es h i l f t)	hɛlfən
h a l f, g e h o l f e n	
h e ll	hɛl
h e ll e r, am h e ll s t e n	
h e ll b l au	hɛlblaʊ
H e m d, das	hɛmt
die H e m d e n	
h e r	heːr
h e r a n	hɛran
h e r au f	hɛraʊf
h e r au s	hɛraʊs
h e r au s g eh e n (er/sie/es g eh t h e r au s)	hɛraʊsgeːən
g i ng h e r au s, h e r au s g e g a ng e n	
h e r au s h o l e n (er/sie/es h o l t h e r au s)	hɛraʊshoːlən
h o l t e h e r au s, h e r au s g e h o l t	
h e r au s k o mm e n (er/sie/es k o mm t heraus)	hɛraʊskɔmən
k a m h e r au s, h e r au s g e k o mm e n	
H e r b s t, der (meist Singular)	hɛrpst
H e r d, der	heːrt
die H e r d e	
h e r ei n	hɛraɪn
h e r ei n g eh e n (er/sie/es g eh t h e r ei n)	hɛraɪngeːən
g i ng h e r ei n, h e r ei n g e g a ng e n	
h e r ei n k o mm e n (er/sie/es k o mm t herein)	hɛraɪnkɔmən
k a m h e r ei n, h e r ei n g e k o mm e n	
h e r k o mm e n (er/sie/es k o mm t h e r)	heːrkɔmən
k a m h e r, h e r g e k o mm e n	
H e rr, der	hɛr
die H e rr e n	

h e rr l i ch	hɛrlɪx
h e rr l i ch e r, am h e rr l i ch s t e n	
h e r s t e ll e n (er/sie/es s t e ll t h e r)	heːrʃtɛlən
s t e ll t e h e r, h e r g e s t e ll t	
h e r u m	hɛrʊm
h e r u n t e r	hɛrʊntər
h e r u n t e r f a ll e n (er/sie/es f ä ll t herunter)	hɛrʊntərfalən
f ie l h e r u n t e r, h e r u n t e r g e f a ll e n	
h e r v o r	hɛrfoːr
H e r z, das	hɛrtsts
die H e r z e n	
h eu l e n	hɔʏlən
h eu l t e, g e h eu l t	
h eu t e	hɔʏtə
h eu t i g e	hɔʏtɪgə
H e x e, die	hɛksə
die H e x e n	
h ie r	hiːr
h ie r h e r	hiːrheːr
h ie r h i n	hiːrhɪn
H i l f e, die	hɪlfə
die H i l f e n	
H i mm e l, der (selten Plural)	hɪməl
h i n	hɪn
h i n au f	hɪnaʊf
h i n au s	hɪnaʊs
h i n ei n	hɪnaɪn
h i n f a ll e n (er/sie/es f ä ll t h i n)	hɪnfalən
f ie l h i n, h i n g e f a ll e n	
h i n l e g e n (er/sie/es l e g t h i n)	hɪnleːgən
l e g t e h i n, h i n g e l e g t	
h i n s t e ll e n (er/sie/es s t e ll t h i n)	hɪnʃtɛlən
s t e ll t e h i n, h i n g e s t e ll t	
h i n t e n	hɪntən
h i n t e r	hɪntər
h i n t e r h e r	hɪntərheːr
H i tz e, die (ohne Plural)	hɪtsə
h o ch	hoːx
h öh e r, am h ö ch s t e n	

A B C D E F G H I J K L M N O P Q R S T U V W X Y Z

H o f, der	ho:f
die H ö f e	
h o ff e n	hɔfən
h o ff t e, g e h o ff t	
h o ff e n t l i ch	hɔfəntlɪx
H o ff n u ng, die	hɔfnʊŋ
die H o ff n u ng e n	
h oh e	ho:ə
H öh e, die	hø:ə
die H öh e n	
h öh e r e(n)	hø:ərə(n)
h oh l	ho:l
H öh l e, die	hø:lə
die H öh l e n	
H o n i g, der (meist Singular)	ho:nɪx
h o l e n	ho:lən
h o l t e, g e h o l t	
H o l z, das	hɔlts
die H ö l z e r	
h ö r e n	hø:rən
h ö r t e, g e h ö r t	
H o s e, die	ho:zə
die H o s e n	
H u b sch r au b e r, der (= auch Plural)	hu:pʃraʊbər
H uh n, das	hu:n
die H üh n e r	
H u n d, der	hʊnt
die H u n d e	
h u n d e r t	hʊndərt
H u ng e r, der (ohne Plural)	hʊŋər
h u ng r i g	hʊŋrɪx
h u ng r i g e r, am h u ng r i g s t e n	
h ü pf e n	hʏpfən
h ü pf t e, g e h ü pf t	
H u s t e n, der (selten Plural)	hu:stən
H u t, der	hu:t
die H ü t e	

I

i ch	ɪx
I d ee, die (Fremdwort)	ɪdeː
die I d e e n	

Sparschreibung für *I d ee e n: Weil in diesem Wort im Plural nach einem <ee> ein weiteres <e> für das Schwa (dann also <ee> + <e>) geschrieben werden müsste, wird ein <e> weggekürzt. Da aber andererseits kein Phonem unbezeichnet werden darf, kann nur das eine <e> für /eː/ und das andere für /ə/ stehen.

I g e l, der (= auch Plural)	iːgəl
ih m	iːm
ih n	iːn
ih n e n	iːnən
ih r	iːr
ih r e	iːrə
ih r e m	iːrəm
ih r e n	iːrən
ih r e s	iːrəs
i m	ɪm
i mm e r	ɪmər
i m pf e n (Fremdwort)	ɪmp͜fən
i m pf t e, g e i m pf t	
I m pf u ng, die (Fremdwort)	ɪmp͜fʊŋ
die I m pf u ng e n	
i n	ɪn
i n d e m	ɪndeːm
i n d e s	ɪndɛs
i n d e ss e n	ɪndɛsən
i n f o r m ie r e n (Fremdwort)	ɪnfɔrmiːrən
i n f o r m ie r t e, i n f o r m ie r t	
I n h a l t, der	ɪnhalt
die I n h a l t e	
i nn e n	ɪnən
i nn e r e	ɪnərə
i nn e r h a l b	ɪnərhalp
i n s	ɪns
i n s b e s o n d e r e	ɪnsbəzɔndərə

A B C D E F G H I J K L M N O P Q R S T U V W X Y Z

I n s e l, die (Fremdwort)	ɪnzəl
die I n s e l n	
i n t e r e ss a n t (Fremdwort)	ɪntərɛsant
i n t e r e ss a n t e r, am i n t e r e ss a n t e s t e n	
I n t e r e ss e, das (Fremdwort)	ɪntərɛsə
die I n t e r e ss e n	
i n t e r e ss ie r e n (Fremdwort)	ɪntərɛsi:rən
i n t e r e ss ie r t e, i n t e r e ss ie r t	
i n z w i sch e n	ɪntsvɪʃən
i r g e n d	ɪrgənt
i r g e n d w a nn	ɪrgəntvan
i r g e n d w e r	ɪrgəntve:r
i r g e n d w ie	ɪrgəntvi:
i r g e n d w o	ɪrgəntvo:
i s t	ɪst
i t a l i e n i sch	ɪta:li:e:nɪʃ

J

j a	ja:
J a ck e, die	jakə
die J a ck e n	
J ä g e r, der (= auch Plural)	jɛ:gər
J ah r, das	ja:r
die J ah r e	
J ah r h u n d e r t, das	ja:rhʊndərt
die J ah r h u n d e r t e	
J a n u a r, der (Fremdwort, selten Plural)	janu:a:r
j e	je:
j e d e	je:də
j e d e m	je:dəm
j e d e n	je:dən
j e d e n f a ll s	je:dənfals
j e d e r	je:dər
j e d e s	je:dəs
j e d o ch	je:dɔx
j e m a n d	je:mant
j e n e	je:nə

j e n e n	je:nən
j e n e r	je:nər
j e n e s	je:nəs
j e tz t	jɛt͜st
J u g e n d, die (meist Singular)	ju:gənt
J u g e n d l i ch e, der/die	ju:gəntlɪxə
die J u g e n d l i ch e n	
J u l i, der (Fremdwort, selten Plural)	ju:li:
j u ng	jʊŋ
j ü ng e r, am j ü ng s t e n	
J u ng e, der	jʊŋə
die J u ng e n	
J u n i, der (Fremdwort, selten Plural)	ju:ni:

K

K ä f e r, der (= auch Plural)	kɛ:fər
K a ff ee, der (das Getränk, Fremdwort)	kafe:
K ä f i g, der (Fremd- oder Lehnwort)	kɛ:fɪx
die K ä f i g e	
K a l e n d e r, der (= auch Plural) (Fremdwort)	kalɛndər
k a l t	kalt
k ä l t e r, am k ä l t e s t e n	
K a mm, der	kam
die K ä mm e	
k ä mm e n	kɛmən
k ä mm t e, g e k ä mm t	
K a m pf, der	kamp͜f
die K ä m pf e	
K a n i n ch e n, das (= auch Plural, Fremdwort)	kani:nxən
k a nn (s. k ö nn e n)	kan
k a nn s t (s. k ö nn e n)	kanst
k a p u tt	kapʊt
k a p u tt e r, am k a p u tt e s t e n	
K a r t e, die	kartə
die K a r t e n	
K a r t o ff e l, die	kartɔfəl
die K a r t o ff e l n	
K ä s e, der (= auch Plural)	kɛ:zə

A B C D E F G H I J K L M N O P Q R S T U V W X Y Z

K a ss e, die	kasə
die K a ss e n	
K a s t e n, der	kastən
die K ä s t e n	
K a t e r, der (= auch Plural)	kaːtər
K a tz e, die	kat͜sə
die K a tz e n	
k au f e n	ka͜ʊfən
k au f t e, g e k au f t	
k au m	ka͜ʊm
k ei n	ka͜ɪn
k ei n e	ka͜ɪnə
k ei n e n	ka͜ɪnən
k ei n e r	ka͜ɪnər
k ei n e s w e g s	ka͜ɪnəsveːks
K e ll e r, der (= auch Plural)	kɛlər
k e nn e n	kɛnən
k a nn t e, g e k a nn t	
K e nn t n i s, die	kɛntnɪs
die K e nn t n i ss e	
K e tt e, die	kɛtə
die K e tt e n	
K ie f e r, die (eine Baumart)	kiːfər
K i n d, das	kɪnt
die K i n d e r	
K i n d e r g a r t e n, der	kɪndərgartən
die K i n d e r g ä r t e n	
K i n d e r w a g e n, der (= auch Plural)	kɪndərvaːgən
K i nn, das (meist Singular)	kɪn
K i n o, das	kiːnoː
die K i n o s	
K i r ch e, die	kɪrxə
die K i r ch e n	
K i ss e n, das (= auch Plural)	kɪsən
k i tz e l n (er/sie/es k i tz e l t)	kɪt͜səln
k i tz e l t e, g e k i tz e l t	
k l a r	klaːr
k l a r e r, am k l a r s t e n	
K l a ss e, die	klasə
die K l a ss e n	

k l a t sch e n	klatʃən
k l a t sch t e, g e k l a t sch t	
k l e b e n (er/sie/es k l e b t)	kleːbən
k l e b t e, g e k l e b t	
K l ei d, das	kla͜ɪt
die K l ei d e r	
k l ei n	kla͜ɪn
k l ei n e r, am k l ei n s t e n	
K l ei n e, der/die/das	kla͜ɪnə
die K l ei n e n	
k l e tt e r n (er/sie/es k l e tt e r t)	klɛtərn
k l e tt e r t e, g e k l e tt e r t	
k l i ng e l n (er/sie/es k l i ng e l t)	klɪŋəln
k l i ng e l t e, g e k l i ng e l t	
k l o pf e n	klɔp͜fən
k l o pf t e, g e k l o pf t	
K n ie, das	kniː
die K n i e	

Sparschreibung für *K n ie e: Weil in diesem Wort im Plural nach einem <ie> ein weiteres <e> für das Schwa geschrieben werden müsste, wird ein <e> weggekürzt.

K n o ch e n, der (= auch Plural)	knɔxən
K n o pf, der	knɔp͜f
die K n ö pf e	
K o ch, der	kɔx
die K ö ch e	
k o ch e n	kɔxən
k o ch t e, g e k o ch t	
K ö ch i n, die	kœxɪn
die K ö ch i nn e n	
k o m i sch	koːmɪʃ
k o m i sch e r, am k o m i sch s t e n	
k o mm e n (er/sie/es k o mm t)	kɔmən
k a m, g e k o mm e n	
K ö n i g, der	køːnɪx
die K ö n i g e	
K ö n i g i n, die	køːnɪgɪn
die K ö n i g i nn e n	

k ö n i g l i ch	kø:nɪklɪx
k ö n i g l i ch e r, am k ö n i g l i ch s t e n	
k ö nn e n (er/sie/es k a nn)	kœnən
k o nn t e, g e k o nn t	
K o pf, der	kɔpf
die K ö pf e	
K ö r p e r, der (= auch Plural)	kœrpər
k o s t e n (er/sie/es k o s t e t)	kɔstən
k o s t e t e, g e k o s t e t	
K o s t e n, die (nur Plural)	kɔstən
K r a f t, die	kraft
die K r ä f t e	
k r ä f t i g	krɛftɪx
k r ä f t i g e r, am k r ä f t i g s t e n	
k r a n k	kraŋk
k r ä n k e r, am k r ä n k s t e n	
K r a n k e n h au s, das	kraŋkənhaʊs
die K r a n k e n h äu s e r	
K r a n k h ei t, die	kraŋkhaɪt
die K r a n k h ei t e n	
k r a ss	kras
k r a ss e r, am k r a ss e s t e n	
k r a tz e n	kratsən
k r a tz t e, g e k r a tz t	
K r au t, das	kraʊt
die K r äu t e r	
K r ei s, der	kraɪs
die K r ei s e	
K r eu z, das	krɔʏts
die K r eu z e	
K r eu z u ng, die	krɔʏtsʊŋ
die K r eu z u ng e n	
k r ie ch e n	kri:xən
k r o ch, g e k r o ch e n	
K r ie g, der	kri:k
die K r ie g e	
k r ie g e n (er/sie/es k r ie g t)	kri:gən
k r ie g t e, g e k r ie g t	

k r u mm — krʊm
  k r u mm e r, am k r u mm s t e n
  (k r u mm e r, am k r ü mm s t e n)

K ü ch e, die — kʏxə
  die K ü ch e n

K u ch e n, der (= auch Plural) — ku:xən

K uh, die — ku:
  die K üh e

k üh l — ky:l
  k üh l e r, am k üh l s t e n

K üh l sch r a n k, der — ky:lʃraŋk
  die K üh l sch r ä n k e

K ü k e n, das (= auch Plural) — ky:kən

K u n s t, die — kʊnst
  die K ü n s t e

K u r v e, die (Fremdwort) — kʊrvə (kʊrfə)
  die K u r v e n

k u r z — kʊrts
  k ü r z e r, am k ü r z e s t e n

k u sch e l n (er/sie/es k u sch e l t) — kʊʃəln
  k u sch e l t e, g e k u sch e l t

k ü ss e n — kʏsən
  k ü ss t e, g e k ü ss t

L

l ä ch e l n (er/sie/es l ä ch e l t) — lɛxəln
  l ä ch e l t e, g e l ä ch e l t

l a ch e n — laxən
  l a ch t e, g e l a ch t

l a d e n (er/sie/es l ä dt) — la:dən
  l u d, g e l a d e n

L a g e, die (ohne Plural) — la:gə

L a g e r, das (= auch Plural) — la:gər

L a m p e, die — lampə
  die L a m p e n

L a n d, das — lant
  die L ä n d e r

A B C D E F G H I J K L M N O P Q R S T U V W X Y Z

l a ng — laŋ
  l ä ng e r, am l ä ng s t e n
l a ng e — laŋə
l a ng s a m — laŋzaːm
  l a ng s a m e r, am l a ng s a m s t e n
l ä ng s t — lɛŋst
l a ng w ei l i g — laŋvaɪlɪx
  l a ng w ei l i g e r, am l a ng w ei l i g s t e n
L ä r m, der (ohne Plural) — lɛrm
l a ss e n (er/sie/es l ä ss t) — lasən
  l ie ß, g e l a ss e n
l ä ss i g — lɛsɪx
  l ä ss i g e r, am l ä ss i g s t e n
l ä s t i g — lɛstɪx
  l ä s t i g e r, am l ä s t i g s t e n
L ä tz ch e n, das (= auch Plural) — lɛtsxən
L au b, das (selten Plural) — laʊp
L au f, der — laʊf
  die L äu f e
l au f e n (er/sie/es l äu f t) — laʊfən
  l ie f, g e l au f e n
L äu f e r, der (= auch Plural) — lɔʏfər
L äu f e r i n, die — lɔʏfərɪn
  die L äu f e r i nn e n
l au t — laʊt
  l au t e r, am l au t e s t e n
L au t, der — laʊt
  die L au t e
l e b e n (er/sie/es l e b t) — leːbən
  l e b t e, g e l e b t
L e b e n, das (= auch Plural) — leːbən
l e b e n d i g — leːbɛndɪx
  l e b e n d i g e r, am l e b e n d i g s t e n
l e d i g l i ch — leːdɪklɪx
l ee r (eher unübliche Steigerung: — leːr
  l ee r e r, am l ee r s t e n)
l e g e n (er/sie/es l e g t) — leːgən
  l e g t e, g e l e g t

l eh r e n	le:rən
l eh r t e, g e l eh r t	
L eh r e r, der (= auch Plural)	le:rər
L eh r e r i n, die	le:rərɪn
die L eh r e r i nn e n	
l ei ch t	la͜ɪxt
l ei ch t e r, am l ei ch t e s t e n	
l ei d e n (er/sie/es l ei d e t)	la͜ɪdən
l i tt, g e l i tt e n	
L ei d e n, das (= auch Plural)	la͜ɪdən
l ei d e r	la͜ɪdər
l eih e n (er/sie/es l eih t)	la͜ɪən
l ieh, g e l ieh e n	
l ei s e	la͜ɪzə
l ei s e r, am l ei s e s t e n	
L ei t e r, die	la͜ɪtər
die L ei t e r n	
l e r n e n	lɛrnən
l e r n t e, g e l e r n t	
l e s e n (er/sie/es l ie s t)	le:zən
l a s, g e l e s e n	
l e tz t e, l e tz t e n	lɛt͜stə, lɛt͜stən
l e tz t e r	lɛt͜stər
l e tz t e r e, l e tz t e r e n	lɛt͜stərə, lɛt͜stərən
l eu ch t e n (er/sie/es l eu ch t e t)	lɔ͜ʏxtən
l eu ch t e t e, g e l eu ch t e t	
L eu t e, die (nur Plural)	lɔ͜ʏtə
L e x i k o n, das (Fremdwort)	lɛk͜si:kɔn
die L e x i k a	
L i ch t, das	lɪxt
die L i ch t e r	
l ie b	li:p
l ie b e r, am l ie b s t e n	
L ie b e, die (eher ohne Plural)	li:bə
l ie b e n (er/sie/es l ie b t)	li:bən
l ie b t e, g e l ie b t	
L ie b l i ng, der	li:pli:ŋ
die L ie b l i ng e	

L ie d, das	li:t
die L ie d e r	
l ie g e n (er/sie/es l ie g t)	li:gən
l a g, g e l e g e n	
L i n i e, die (Fremdwort)	li:ni:ə
die L i n i e n	
l i n k e	lɪŋkə
l i n k s	lɪŋks
L i t e r, der/das (= auch Plural) (Fremdwort)	li:tər
L o ch, das	lɔx
die L ö ch e r	
L ö ff e l, der (= auch Plural)	lœfəl
L oh n, der	lo:n
die L öh n e	
l o s	lo:s
l o s l a ss e n (er/sie/es l ä ss t l o s)	lo:slasən
l ie ß l o s, l o s g e l a ss e n	
L ö w e, der	lø:və
die L ö w e n	
L u f t, die	lʊft
die L ü f t e	
L ü g e, die	ly:gə
die L ü g e n	
l ü g e n (er/sie/es l ü g t)	ly:gən
l o g, g e l o g e n	
L u s t, die	lʊst
die L ü s t e	
l u s t i g	lʊstɪx
l u s t i g e r, am l u s t i g s t e n	
L u t sch e r, der (= auch Plural)	lʊtʃər

M

m a ch e n	maxən
m a ch t e, g e m a ch t	
M a ch t, die	maxt
die M ä ch t e	
M ä d ch e n, das (= auch Plural)	mɛ:txən
m a g (s. m ö g e n)	ma:k

m ah l e n (er/sie/es m ah l t, Getreide mahlen)	ma:lən
m ah l t e, g e m ah l e n	
M ai, der (Fremdwort, selten Plural)	maɪ̯
m a l	ma:l
m a l e n (ein Bild malen)	ma:lən
m a l t e, g e m a l t	
M a m a, die (Kindersprache)	mama: (mama)
die M a m a s	
m a n	man
m a n ch e	manxə
m a n ch m a l	manxma:l
M a ng e l, der	maŋəl
die M ä ng e l	
M a nn, der	man
die M ä nn e r	
M a nn sch a f t, die	manʃaft
die M a nn sch a f t e n	
M a n t e l, der	mantəl
die M ä n t e l	
M a r k e, die	markə
die M a r k e n	
M a r m e l a d e, die	marməla:də
die M a r m e l a d e n	
M ä r z, der (Fremdwort, selten Plural)	mɛrt͡s
M a sch i n e, die (Fremdwort)	maʃi:nə
die M a sch i n e n	
M a ss e, die	masə
die M a ss e n	
M a ß, das	ma:s
die M a ß e	
M a ß s t a b, der (Teile: Maß + stab)	ma:sʃta:p
die M a ß s t ä b e	
M au s, die	maʊ̯s
die M äu s e	
M ee r, das	me:r
die M ee r e	
m eh r	me:r
m eh r e r e(n)	me:rərə(n)

m ei n	maɪn
m ei n e	maɪnə
m ei n e m	maɪnəm
m ei n e n	maɪnən
m ei n e n (er/sie/es m ei n t) m ei n t e, g e m ei n t	maɪnən
m ei n e r	maɪnər
m ei n e s	maɪnəs
M ei n u ng, die die M ei n u ng e n	maɪnʊŋ
m ei s t e	maɪst
m ei s t e n, am (s. auch v ie l)	maɪstən
m ei s t e n s	maɪstəns
M ei s t e r, der (= auch Plural)	maɪstər
M ei s t e r i n, die die M ei s t e r i nn e n	maɪstərɪn
M e ng e, die die M e ng e n	mɛŋə
M e n sch, der die M e n sch e n	mɛnʃ
m e r k e n m e r k t e, g e m e r k t	mɛrkən
m e ss e n (er/sie/es m i ss t) m a ß, g e m e ss e n	mɛsən
M e ss e r, das (= auch Plural)	mɛsər
M e t e r, der (= auch Plural)	me:tər
m i ch	mɪx
m ie t e n (er/sie/es m ie t e t) m ie t e t, g e m ie t e t	mi:tən
M ie t e, die die M ie t e n	mi:tə
M i l ch, die (ohne Plural)	mɪlx
M i ll i o n, die (Fremdwort) die M i ll i o n e n	mɪli:o:n
m i n d e s t e n s	mɪndəstəns
M i n u t e, die (Fremdwort) die M i n u t e n	mɪnu:tə
m i r	mi:r

missmutig	mɪsmu:tɪx
missmutiger, am missmutigsten	
misstrauisch	mɪstraʊɪʃ
misstrauischer, am misstrauischsten	
Missverständnis, das	mɪsfɛrʃtɛntnɪs
die Missverständnisse	
mit	mɪt
mitfahren (er/sie/es fährt mit)	mɪtfa:rən
fuhr mit, mitgefahren	
Mitglied, das	mɪtgli:t
die Mitglieder	
mitkommen (er/sie/es kommt mit)	mɪtkɔmən
kam mit, mitgekommen	
mitmachen (er/sie/es macht mit)	mɪtmaxən
machte mit, mitgemacht	
mitnehmen (er/sie/es nimmt mit)	mɪtne:mən
nahm mit, mitgenommen	
Mittag, der	mɪta:k
die Mittage	
Mittagessen, das (= auch Plural)	mɪta:kɛsən
mittags	mɪta:ks
Mitte, die (selten Plural)	mɪtə
Mittel, das (= auch Plural)	mɪtəl
Mittelpunkt, der	mɪtəlpʊŋkt
die Mittelpunkte	
Mittwoch, der (selten Plural)	mɪtvɔx
mixen (er/sie/es mixt) (Fremdwort)	mɪksən
mixte, gemixt	
möchten (s. mögen)	mœxtən
modern	mo:dɛrn
moderner, am modernsten	
mögen (er/sie/es mag)	mø:gən
mochte, gemocht	
möglich	mø:klɪx
möglicher, am möglichsten	
Möglichkeit, die	mø:klɪxkaɪt
die Möglichkeiten	
möglichst	mø:klɪxst

M o m e n t, der (Fremdwort) moːmɛnt
die M o m e n t e

M o n a t, der moːnat
die M o n a t e

M o n d, der moːnt
die M o n d e

M o n t a g, der moːntaːk
die M o n t a g e

M oo r, das moːr
die M oo r e

M oo s, das moːs
die M oo s e

m o r g e n mɔrgən

M o r g e n, der (= auch Plural) mɔrgən

m o r g e n s mɔrgəns

M o t o r, der (Fremdwort) moːtoːr
die M o t o r e n

M o t o r r a d, das (Teile: Motor + rad) (Fremdwort) moːtoːrraːt
die M o t o r r ä d e r

M ö w e, die møːvə
die M ö w e n

m ü d e myːdə
m ü d e r, am m ü d e s t e n

M üh e, die myːə
die M üh e n

M üh l e, die myːlə
die M üh l e n

M ü ll, der (ohne Plural) mʏl

M u n d, der mʊnt
die M ü n d e r

M u sch e l, die mʊʃəl
die M u sch e l n

M u s i k, die (meist Singular) (Fremdwort) muːziːk

m ü ss e n (er/sie/es m u ss) mʏsən
m u ss t e, g e m u ss t

M u t, der (ohne Plural) muːt

m u t i g muːtɪx
m u t i g e r, am m u t i g s t e n

M u tt e r, die	mʊtər
die M ü tt e r	
M ü tz e, die	mʏtsə
die M ü tz e n	

N

n a ch	naːx
n a ch d e m	naːxdeːm
n a ch d e n k e n	naːxdɛŋkən
n a ch d r au ß e n	naːx draʊsən
n a ch H au s e	naːx haʊzə
n a ch h e r (Teile: nach + her)	naːxheːr
n a ch m a ch e n	naːxmaxən
m a ch t e n a ch, n a ch g e m a ch t	
N a ch m i tt a g, der	naːxmɪtaːk
die N a ch m i tt a g e	
N a ch r i ch t, die	naːxrɪxt
die N a ch r i ch t e n	
n ä ch s t e	nɛːxstə
n ä ch s t e n	nɛːxstən
n ä ch s t e r	nɛːxstər
N a ch t, die	naxt
die N ä ch t e	
n a ch t s	naxts
N a g e l, der	naːgəl
die N ä g e l	
n ah	naː
n äh e r, am n ä ch s t e n	
N äh e, die (ohne Plural)	nɛːə
n äh e n	nɛːən
n äh t e, g e n äh t	
N ah r u ng, die (meist ohne Plural)	naːrʊŋ
N ah t, die	naːt
die N äh t e	
N a m e, der	naːmə
die N a m e n	
n a m e n t l i ch	naːməntlɪx
n ä m l i ch	nɛːmlɪx

N a s e, die	na:zə
die N a s e n	
n a ss	nas
n a ss e r, am n a ss e s t e n	
N a t u r, die (meist Singular) (Fremdwort)	natu:r
n a t ü r l i ch (Fremdwort)	naty:rlɪx
n a t ü r l i ch e r, am n a t ü r l i ch s t e n	
N e b e l, der (= auch Plural)	ne:bəl
n e b e n	ne:bən
n eh m e n (er/sie/es n i mm t)	ne:mən
n ah m, g e n o mm e n	
N ei g u ng, die	na͜ɪgʊŋ
die N ei g u ng e n	
n ei n	na͜ɪn
n e nn e n	nɛnən
n a nn t e, g e n a nn t	
N e s t, das	nɛst
die N e s t e r	
n e tt	nɛt
n e tt e r, am n e tt e s t e n	
n eu	nɔ͜ʏ
n eu e r, am n eu e s t e n (n eu s t e n)	
N eu e, der/die/das	nɔ͜ʏə
die N eu e n	
n eu g ie r i g	nɔ͜ʏgi:rɪx
n eu g ie r i g e r, am n eu g ie r i g s t e n	
n eu n	nɔ͜ʏn
n eu n t e	nɔ͜ʏntə
n eu n z eh n	nɔ͜ʏnt͜se:n
n eu n z eh n t e	nɔ͜ʏnt͜se:ntə
n eu n z i g	nɔ͜ʏnt͜sɪx
n i ch t	nɪxt
n i ch t s	nɪxts
n ie	ni:
n ie d e r	ni:dər
n ie m a l s	ni:ma:ls
n ie m a n d	ni:mant
n i mm t (s. n eh m e n)	nɪmt
n i r g e n d s	nɪrgənts

n i r g e n d w o	nɪrgəntvoː
n o ch	nɔx
N o t, die	noːt
die N ö t e	
N o t e, die	noːtə
die N o t e n	
n ö t i g	nøːtɪx
n ö t i g e r, am n ö t i g s t e n	
n o t w e n d i g	noːtvɛndɪx
n o t w e n d i g e r, am n o t w e n d i g s t e n	
N o v e m b e r, der (Fremdwort, selten Plural)	noːvɛmbər
N u d e l, die	nuːdəl
die N u d e l n	
N u ll, die	nʊl
die N u ll e n	
N u mm e r, die	nʊmər
die N u mm e r n	
n u n	nuːn
n u n m eh r	nuːnmeːr
n u r	nuːr
N u ss, die	nʊs
die N ü ss e	
n u tz e n (er/sie/es n u tz t)	nʊt͡sən
n u tz t e, g e n u tz t	
n ü tz l i ch	nʏt͡slɪx
n ü tz l i ch e r, am n ü tz l i ch s t e n	

O

o b	ɔp
o b e n	oːbən
o b g l ei ch	ɔpglaɪ̯x
O b s t, das (ohne Plural)	oːpst
o b w oh l	ɔpvoːl
o d e r	oːdər
O f e n, der	oːfən
die Ö f e n	
o ff e n	ɔfən
o ff e n e r, am o ff e n s t e n	

A B C D E F G H I J K L M N O P Q R S T U V W X Y Z

ö ff e n t l i ch	œfəntlɪx
ö ff e n t l i ch e r, am ö ff e n t l i ch s t e n	
o f t, ö f t e r, ö f t e r s	ɔft
oh n e	o:nə
Oh r, das	o:r
die Oh r e n	
O k t o b e r, der (Fremdwort, selten Plural)	ɔkto:bər
O m a, die (Kindersprache)	o:ma:
die O m a s	
O n k e l, der (selten Plural) (Fremdwort)	ɔŋkəl
O p a, der (Kindersprache)	o:pa:
die O p a s	
O r d n u ng, die	ɔrtnʊŋ
die O r d n u ng e n	
O r t, der	ɔrt
die O r t e	
O s t e r n (meist ohne Artikel und ohne Plural)	o:stərn

P

p aa r	pa:r
P aa r, das	pa:r
die P aa r e	
p a ck e n	pakən
p a ck t e, g e p a ck t	
P a k e t, das (Fremdwort)	pake:t
die P a k e t e	
P a p a, der (Kindersprache)	papa (papa:)
die P a p a s	
P a p ie r, das (Fremdwort)	papi:r
die P a p ie r e	
P a r k, der (meist Singular) (Fremdwort)	park
P a r t ei, die (Fremdwort)	partaɪ
die P a r t ei e n	
p a ss au f	pas aʊf
p a ss e n	pasən
p a ss t e, g e p a ss t	
p a ss ie r e n (Fremdwort)	pasi:rən
p a ss ie r t e, p a ss ie r t	

P au s e, die (Fremdwort)	paʊzə
die P au s e n	
P e r s o n, die (Fremdwort)	pɛrzo:n
die P e r s o n e n	
pf ei f e n	pfaɪfən
pf i ff, g e pf i ff e n	
Pf e r d, das	pfe:rt
die Pf e r d e	
pf l a n z e n	pflantsən
pf l a n z t e, g e pf l a n z t	
pf l e g e n (er/sie/es pf l e g t)	pfle:gən
pf l e g t e, g e pf l e g t	
Pf l i ch t, die	pflɪxt
die Pf l i ch t e n	
Pf ü tz e, die	pfʏtsə
die Pf ü tz e n	
P i l z, der	pɪlts
die P i l z e	
P i n s e l, der (= auch Plural)	pɪnzəl
P l a tz, der	plats
die P l ä tz e	
p l ö tz l i ch	plœtslɪx
P o l i z ei, die (selten Plural) (Fremdwort)	po:li:tsaɪ
P o l i z i s t, der (Fremdwort)	po:li:tsɪst
die P o l i z i s t e n	
P o l i z i s t i n, die (Fremdwort)	po:li:tsɪstɪn
die P o l i z i s t i nn e n	
P o mm e s, die (meist Plural) (Fremdwort)	pɔməs
P o p o, der (Fremdwort, Kindersprache)	pɔpo:
die P o p o s	
P o s t, die (ohne Plural)	pɔst
p r a k t i s ch (Fremdwort)	praktɪʃ
p r a k t i s ch e r, am p r a k t i s ch s t e n	
P r ei s, der	praɪs
die P r ei s e	
P r i n z, der (Fremdwort)	prɪnts
die P r i n z e n	
P r i n z e ss i n, die (Fremdwort)	prɪntsɛsɪn
die P r i n z e ss i nn e n	

p r o b ie r e n (Fremdwort) — proːbiːrən
p r o b ie r t e, p r o b ie r t

P r o b l e m, das (Fremdwort) — proːbleːm
die P r o b l e m e

P r o g r a mm, das (Fremdwort) — proːgram
die P r o g r a mm e

P r o z e n t, das (Fremdwort) — proːtsɛnt
die P r o z e n t e

P r ü f u ng, die — pryːfʊŋ
die P r ü f u ng e n

P u n k t, der — pʊŋkt
die P u n k t e

P u pp e, die — pʊpə
die P u pp e n

p u s t e n — puːstən
p u s t e t e, g e p u s t e t

p u tz e n — pʊtsən
p u tz t e, g e p u tz t

Q

Alle Wörter, die ein <q> + <u> (hier als q u geschrieben und mit den Lauteinheiten /k/+/v/ vermerkt) enthalten, haben eine besondere Stellung in der Systematik der Phonem-Graphem-Beziehungen des Deutschen. Einige Fremdwörter werden hier trotzdem aufgenommen, wenn sie häufig oder wichtig sind und in den Grundwortschätzen einiger Bundesländer aufgelistet werden.

Q u a d r a t, das (Fremdwort) — kvadraːt
die Q u a d r a t e

q u a k e n — kvaːkən
q u a k t e, g e q u a k t

Q u a l, die — kvaːl
die Q u a l e n

q u ä l e n — kvɛːlən
q u ä l t e, g e q u ä l t

Q u a r k, der (ohne Plural) (Fremdwort) — kvark

q u a ss e l n (er/sie/es q u a ss e l t) — kvasəln
q u a ss e l t e, g e q u a ss e l t

Q u a t sch, der (ohne Plural) — kvatʃ

q u a t sch e n, der (er/sie/es q u a t sch t) kvatʃən
q u a t sch t e, g e q u a t sch t
Q u e ll e, die kvɛlə
die Q u e ll e n
q u e r kveːr
q u i tt (Fremdwort) kvɪt
Q u i z, das (Fremdwort) (selten Plural) kvɪs

R

R a d, das raːt
die R ä d e r
R a d i o, das (Fremdwort) raːdiːoː
die R a d i o s
R a k e t e, die (Fremdwort) rakeːtə
die R a k e t e n
R a s e n, der (meist Singular) raːzən
R a t, der (selten Plural) raːt
r a t e n (er/sie/es r ä t) raːtən
r ie t, g e r a t e n
R au ch, der (ohne Plural) raʊx
r au ch e n raʊxən
r au ch t e, g e r au ch t
R au m, der raʊm
die R äu m e
R au p e, die raʊpə
die R au p e n
r au s (für: h e r au s) raʊs
r au s k o mm e n (s. h e r au s k o mm e n) raʊskɔmən
k a m r au s, r au s g e k o mm e n
r e ch n e n (er/sie/es r e ch n e t) rɛxnən
r e ch n e t e, g e r e ch n e t
R e ch n u ng, die rɛxʊŋ
die R e ch n u ng e n
r e ch t rɛxt
R e ch t, das rɛxt
die R e ch t e
r e ch t s rɛxts

A B C D E F G H I J K L M N O P Q R S T U V W X Y Z

A B C D E F G H I J K L M N O P Q R S T U V W X Y Z

R e d e, die | re:də
die R e d e n
r e d e n (er/sie/es r e d e t) | re:dən
r e d e t e, g e r e d e t
R e g e l, die | re:gəl
die R e g e l n
R e g e n, der (meist Singular) | re:gən
R e g ie r u ng, die | re:gi:rʊŋ
die R e g ie r u ng e n
r e g n e n (er/sie/es r e g n e t) | re:knən
r e g n e t e, g e r e g n e t
r e g n e t (s. r e g n e n) | re:knət
R eh, das | re:
die R eh e
r ei ch | raɪ̯x
r ei ch e r, am r ei ch s t e n
r ei ch e n | raɪ̯xən
r ei ch t e, g e r ei ch t
R eih e, die | raɪ̯ə
die R eih e n
r ei n | raɪ̯n
r ei n e r, am r ei n s t e n
r ei n (auch für: h e r ei n) | raɪ̯n
r ei n g eh e n (er/sie/es g eh t r ei n) | raɪ̯nge:ən
g i ng r ei n, r ei n g e g a ng e n
(s. a. h e r ei n g eh e n)
R ei s e, die | raɪ̯zə
die R ei s e n
r ei s e n | raɪ̯zən
r ei s t e, g e r ei s t
r ei ß e n (er/sie/es r ei ß t) | raɪ̯sən
r i ss, g e r i ss e n
r ei t e n (er/sie/es r ei t e t) | raɪ̯tən
r i tt, g e r i tt e n
R e l i g i o n, die (Fremdwort) | re:li:gi:o:n
die R e l i g i o n e n
r e nn e n (er/sie/es r e nn t) | rɛnən
r a nn t e, g e r a nn t

r e tt e n (er/sie/es r e tt e t)	rɛtən
r e tt e t e, g e r e tt e t	
r i ch t e n (er/sie/es r i ch t e t)	rɪxtən
r i ch t e t e, g e r i ch t e t	
r i ch t i g	rɪxtɪx
r i ch t i g e r, am r i ch t i g s t e n	
R i ch t u ng, die	rɪxtʊŋ
die R i ch t u ng e n	
r ie ch e n (er/sie/es r ie ch t)	ri:xən
r o ch, g e r o ch e n	
R i ng, der	rɪŋ
die R i ng e	
R o ck, der	rɔk
die R ö ck e	
R o ll e, die	rɔlə
die R o ll e n	
R o ll e r, der (= auch Plural)	rɔlər
r o t	ro:t
r ö t e r, am r ö t e s t e n	
(r o t e r, am r o t e s t e n)	
r ü ck e n	rʏkən
r ü ck t e, g e r ü ck t	
R ü ck e n, der (= auch Plural)	rʏkən
R ü ck s i ch t, die (selten Plural)	rʏkzɪxt
r u f e n	ru:fən
r ie f, g e r u f e n	
R uh e, die (ohne Plural)	ru:ə
r uh i g	ru:ɪx
r uh i g e r, am r uh i g s t e n	
r üh r e n	ry:rən
r üh r t e, g e r üh r t	
r u n d	rʊnt
r u n d e r, am r u n d e s t e n	
r u n t e r (für: h e r u n t e r)	rʊntər
R u t sch e, die	rʊtʃə
die R u t sch e n	
r u t sch e n	rʊtʃən
r u t sch t e, g e r u t sch t	

S

S a ch e, die — zaxə
die S a ch e n

S a f t, der — zaft
die S ä f t e

s a g e n (er/sie/es s a g t) — za:gən
s a g t e, g e s a g t

S ai t e, die (die Saiten einer Geige) — za͡ɪtə
die S ai t e n

S a l a t, der (Fremdwort) — zala:t
die S a l a t e

S a l z, das — zal͡ts
die S a l z e

s a mm e l n (er/sie/es s a mm e l t) — zaməln
s a mm e l t e, g e s a mm e l t

S a m s t a g, der (Fremdwort) — zamsta:k
die S a m s t a g e

S a n d, der (meist Singular) — zant

S a n d k a s t e n, der — zantkastən
die S a n d k ä s t e n

s a ß (s. s i tz e n) — za:s

S a tz, der — za͡ts
die S ä tz e

s au b e r — za͡ʊbər
s au b e r e r, am s au b e r s t e n

sch a d e n (er/sie/es sch a d e t) — ʃa:dən
sch a d e t e, g e sch a d e t

Sch a d e n, der — ʃa:dən
die Sch ä d e n

Sch a f, das — ʃa:f
die Sch a f e

sch a ff e n (er/sie/es sch a ff t) — ʃafən
sch a ff t e, g e sch a ff t

Sch a l, der — ʃa:l
die Sch a l s (auch: Sch a l e)

Sch a l e, die — ʃa:lə
die Sch a l e n

Sch a ll, der (meist Singular)	ʃal
sch a l t e n (er/sie/es sch a l t e t)	ʃaltən
sch a l t e t e, g e sch a l t e t	
sch a r f	ʃarf
sch ä r f e r, am sch ä r f s t e n	
Sch a tt e n, der (= auch Plural)	ʃatən
sch au e n	ʃaʊ̯ən
sch au t e, g e sch au t	
Sch au f e l, die	ʃaʊ̯fəl
die Sch au f e l n	
Sch au k e l, die	ʃaʊ̯kəl
die Sch au k e l n	
sch au k e l n	ʃaʊ̯kəln
sch au k e l t e, g e sch au k e l t	
sch ei n e n	ʃaɪ̯nən
sch ie n, g e sch ie n e n	
sch e n k e n	ʃɛŋkən
sch e n k t e, g e sch e n k t	
Sch e r e, die	ʃeːrə
die Sch e r e n	
Sch i ck s a l, das	ʃɪkzaːl
die Sch i ck s a l e	
sch ie b e n (er/sie/es sch ie b t)	ʃiːbən
sch o b, g e sch o b e n	
sch ie f	ʃiːf
sch ie f e r, am sch ie f s t e n	
sch ie ß e n (er/sie/es sch ie ß t)	ʃiːsən
sch o ss, g e sch o ss e n	
Sch i ff, das	ʃɪf
die Sch i ff e	
sch i m pf e n	ʃɪmp͜fən
sch i m pf t e, g e sch i m pf t	
sch l a f e n (er/sie/es sch l ä f t)	ʃlaːfən
sch l ie f, g e sch l a f e n	
Sch l a f z i mm e r, das (= auch Plural)	ʃlaːft͜sɪmər
sch l a g e n (er/sie/es sch l ä g t)	ʃlaːgən
sch l u g, g e sch l a g e n	

A B C D E F G H I J K L M N O P Q R S T U V W X Y Z

A B C D E F G H I J K L M N O P Q R S T U V W X Y Z

sch l e ch t	ʃlɛxt
sch l e ch t e r, am sch l e ch t e s t e n	
sch l ei ch e n (er/sie/es sch l ei ch t)	ʃlaɪ͜xən
sch l i ch, g e sch l i ch e n	
sch l ie ß e n (er/sie/es sch l ie ß t)	ʃliːsən
sch l o ss, g e sch l o ss e n	
sch l ie ß l i ch	ʃliːslɪx
sch l i mm	ʃlɪm
sch l i mm e r, am sch l i mm s t e n	
sch l o ss (s. sch l ie ß e n)	ʃlɔs
Sch l o ss, das	ʃlɔs
die Sch l ö ss e r	
Sch l u ss, der (meist Singular)	ʃlʊs
Sch l ü ss e l, der (= auch Plural)	ʃlʏsəl
sch m e ck e n (er/sie/es sch m e ck t)	ʃmɛkən
sch m e ck t e, g e sch m e ck t	
sch m ei ß e n (er/sie/es sch m ei ß t)	ʃmaɪ͜sən
sch m i ss, g e sch m i ss e n	
Sch m e tt e r l i ng, der	ʃmɛtərlɪŋ
die Sch m e tt e r l i ng e	
sch m u tz i g	ʃmʊt͜sɪx
sch m u tz i g e r, am sch m u tz i g s t e n	
Sch n e ck e, die	ʃnɛkə
die Sch n e ck e n	
Sch n ee, der (ohne Plural)	ʃneː
sch n ei d e n (er/sie/es sch n ei d e t)	ʃnaɪ͜dən
sch n i tt, g e sch n i tt e n	
sch n e ll	ʃnɛl
sch n e ll e r, am sch n e ll s t e n	
Sch n i tt, der	ʃnɪt
die Sch n i tt e	
Sch n u ll e r, der (= auch Plural)	ʃnʊlər
sch o n	ʃoːn
sch ö n	ʃøːn
sch ö n e r, am sch ö n s t e n	
Sch ö n h ei t, die	ʃøːnhaɪ͜t
die Sch ö n h ei t e n	

Sch r a n k, der	ʃraŋk
die Sch r ä n k e	
Sch r e ck, der	ʃrɛk
die Sch r e ck e n	
sch r e ck l i ch	ʃrɛklɪx
sch r e ck l i ch e r, am sch r e ck l i ch s t e n	
sch r ei b e n (er/sie/es sch r ei b t)	ʃraɪ̯bən
sch r ie b, g e sch r ie b e n	
sch r ei e n	ʃraɪ̯ən
sch r ie, g e sch r ie n	

Sparschreibung für *g e sch r ie e n: Weil in diesem Wort nach einem <ie> ein weiteres <e> für das Schwa (dann also <ie> + <e>) geschrieben werden müsste, wird ein <e> weggekürzt. Im DUDEN-Aussprachewörterbuch (2015) sind beide Varianten „geschrien/geschrieen“ berücksichtigt, einmal ohne und einmal mit Schwa.

Sch r i f t, die	ʃrɪft
die Sch r i f t e n	
Sch r i tt, die	ʃrɪt
die Sch r i tt e	
Sch uh, der	ʃuː
die Sch uh e	
Sch u l d, die (selten Plural)	ʃʊlt
Sch u l e, die	ʃuːlə
die Sch u l e n	
Sch ü l e r, der (= auch Plural)	ʃyːlər
Sch ü l e r i n, die	ʃyːlərɪn
die Sch ü l e r i nn e n	
Sch ü ss e l, die	ʃʏsəl
die Sch ü ss e l n	
sch ü tt e l n (er/sie/es sch ü tt e l t)	ʃʏtəln
sch ü tt e l t e, g e sch ü tt e l t	
Sch u tz, der (ohne Plural)	ʃʊt͡s
sch ü tz e n	ʃʏt͡sən
sch ü tz t e, g e sch ü tz t	
sch w a ch	ʃvax
sch w ä ch e r, am sch w ä ch s t e n	
Sch w a mm, der	ʃvam
die Sch w ä mm e	
Sch w a n z, der	ʃvant͡s
die Sch w ä n z e	

A B C D E F G H I J K L M N O P Q R S T U V W X Y Z

sch w a r z	ʃvarts
sch w ä r z e r, am sch w ä r z e s t e n	
sch w ei g e n (er/sie/es sch w ei g t)	ʃvaɪgən
sch w ie g, g e sch w ie g e n	
Sch w ei n, das	ʃvaɪn
die Sch w ei n e	
sch w e r	ʃveːr
sch w e r e r, am sch w e r s t e n	
Sch w e s t e r, die	ʃvɛstər
die Sch w e s t e r n	
sch w ie r i g	ʃviːrɪx
sch w ie r i g e r, am sch w ie r i g s t e n	
Sch w ie r i g k ei t, die	ʃviːrɪxkaɪt
die Sch w ie r i g k ei t e n	
Sch w i mm b a d, das	ʃvɪmbaːt
die Sch w i mm b ä d e r	
sch w i mm e n (er/sie/es sch w i mm t)	ʃvɪmən
sch w a mm, g e sch w o mm e n	
sch w i tz e n (er/sie/es sch w i tz t)	ʃvɪtsən
sch w i tz t e, g e sch w i tz t	
sch w ö r e n	ʃvøːrən
sch w o r, g e sch w o r e n	
s e chs	zɛks
s e chs t e	zɛkstə
s e ch z eh n	zɛxtseːn
s e ch z i g	zɛxtsɪx
S ee, der	zeː
die S e e n	

Sparschreibung für *S <u>ee</u> e n: Weil in diesem Wort im Plural nach einem <ee> ein weiteres <e> für das Schwa (dann also <ee> + <e>) geschrieben werden müsste, wird ein <e> weggekürzt. Da aber andererseits kein Phonem unbezeichnet werden darf, kann nur das eine <e> für /eː/ und das andere für /ə/ stehen.

S ee l e, die	zeːlə
die S ee l e n	
S e g e l, das (= auch Plural)	zeːgəl
s eh e n (er/sie/es s ieh t)	zeːən
s ah, g e s eh e n	
s eh r	zeːr

s ei d (ihr seid, s. s ei n, unregelmäßiges Verb) zaɪ̯t
s ei e n (Konjunktiv, s. s ei n, unregelm. Verb) zaɪ̯ən
S ei f e, die zaɪ̯fə
die S ei f e n
S ei l, das zaɪ̯l
die S ei l e
s ei n (er/sie/es i s t, du b i s t) zaɪ̯n
w a r, g e w e s e n
s ei n(e) (sein Tier, seine Sachen) zaɪ̯n(ə)
s ei n e m zaɪ̯nəm
s ei n e n zaɪ̯nən
s ei n e r zaɪ̯nər
s ei n e s zaɪ̯nəs
s ei t zaɪ̯t
s ei t d e m (Teile: seit + dem) zaɪ̯tdeːm
S ei t e, die (die Seite eines Buches) zaɪ̯tə
die S ei t e n
S e k u n d e, die (Fremdwort) zɛkʊndə
die S e k u n d e n
s e l b e r zɛlbər
s e l b s t zɛlpst
s e l b s t s t ä n d i g zɛlpʃtɛndɪx
s e l t e n zɛltən
s e l t e n e r, am s e l t e n s t e n
s e n d e n (er/sie/es s e n d e t) zɛndən
s a n dt e, g e s a n dt (s e n d e t e, g e s e n d e t)
S e p t e m b e r, der (Fremdwort, selten Plural) zɛptɛmbər
s e tz e n (sich) (er/sie/es s e tz t (sich)) zɛt͜sən
s e tz t e (sich), (sich) g e s e tz t
s i ch zɪx
s i ch e r zɪxər
s i ch e r e r, am s i ch e r s t e n
S i ch e r h ei t, die zɪxərhaɪ̯t
die S i ch e r h ei t e n
s ie ziː
s ie b e n (Zahlwort) ziːbən
s ie b t e (Zahlwort) ziːptə
s ie b z eh n ziːpt͜seːn

A B C D E F G H I J K L M N O P Q R S T U V W X Y Z

s ie b z eh n t e	ziːptseːntə
s ie b z i g	ziːpsɪx
s ie g e n (er/sie/es s ie g t)	ziːgən
s ie g t e, g e s ie g t	
s ieh e (s. s eh e n)	ziːə
s ieh s t (du s ieh s t, s. s eh e n)	ziːst
s ieh t (s. s eh e n)	ziːt
s i n d (sie sind, s. s ei n, unregelmäßiges Verb)	zɪnt
s i ng e n	zɪŋən
s a ng, g e s u ng e n	
S i nn, der	zɪn
die S i nn e	
S i tz, der	zɪts
die S i tz e	
s i tz e n (er/sie/es s i tz t)	zɪtsən
s a ß, g e s e ss e n	
s o	zoː
s o b a l d	zoːbalt
s o f o r t	zoːfɔrt
s o g a r	zoːgaːr
s o g l ei ch	zoːglaɪx
S oh n, der	zoːn
die S öh n e	
s o l ch e	zɔlxə
s o l ch e r	zɔlxər
s o ll e n (er/sie/es s o ll)	zɔlən
s o ll t e, g e s o ll t	
S o mm e r, der (= auch Plural)	zɔmər
s o n d e r n	zɔndərn
S o nn a b e n d, der	zɔnaːbənt
die S o nn a b e n d e	
S o nn e, die (selten Plural)	zɔnə
S o nn t a g, der	zɔntaːk
die S o nn t a g e	
s o n s t	zɔnst
S o r g e, die	zɔrgə
die S o r g e n	
s o r g e n (er/sie/es s o r g t)	zɔrgən
s o r g t e, g e s o r g t	

S o ß e, die (Fremdwort) zo:sə

die S o ß e n

s o w ei t zo:vaɪt

s o w ie zo:vi:

s o w ie s o zo:vi:zo:

s o w oh l zo:vo:l

s p a n i sch ʃpa:nɪʃ

s p a nn e n d ʃpanənt

s p a nn e n d e r, am s p a nn e n d s t e n

s p a r e n (er/sie/es s p a r t) ʃpa:rən

s p a r t e, g e s p a r t

S p a ß, der ʃpa:s

die S p ä ß e

s p ä t ʃpɛ:t

s p ä t e r, am s p ä t e s t e n

s p a z ie r e n (er/sie/es s p a z ie r t) (Fremdw.) ʃpatsi:rən

s p a z ie r t e, s p a z ie r t

s p ei ch e r n (er/sie/es s p ei ch e r t) ʃpaɪxərn

s p ei ch e r t e, g e s p ei ch e r t

S p ie g e l, der (= auch Plural) ʃpi:gəl

S p ie l, das ʃpi:l

die S p ie l e

s p ie l e n (er/sie/es s p ie l t) ʃpi:lən

s p ie l t e, g e s p ie l t

S p ie l p l a tz, der ʃpi:lplats

die S p ie l p l ä tz e

S p ie l z eu g, das ʃpi:ltsɔʏk

die S p ie l z eu g e

S p i nn e, die ʃpɪnə

die S p i nn e n

s p i tz ʃpɪtsə

s p i tz e r, am s p i tz e s t e n

S p i tz e, die ʃpɪtsə

die S p i tz e n

S p o r t, der (ohne Plural) ʃpɔrt

S p r a ch e, die ʃpra:xə

die S p r a ch e n

A B C D E F G H I J K L M N O P Q R S T U V W X Y Z

s p r e ch e n (er/sie/es s p r i ch t)	ʃprɛxən
s p r a ch, g e s p r o ch e n	
s p r i ng e n (er/sie/es s p r i ng t)	ʃprɪŋən
s p r a ng, g e s p r u ng e n	
S t aa t, der (Fremdwort)	ʃtaːt
die S t aa t e n	
S t a dt, die	ʃtat
die S t ä dt e	
S t a ll, der	ʃtal
die S t ä ll e	
S t a mm, der	ʃtam
die S t ä mm e	
S t a n d, der	ʃtant
die S t ä n d e	
S t a ng e, die	ʃtaŋə
die S t a ng e n	
s t a r k	ʃtark
s t ä r k e r, am s t ä r k s t e n	
s t a tt (auch: a n s t a tt)	ʃtat
s t e ch e n (er/sie/es s t i ch t)	ʃtɛxən
s t a ch, g e s t o ch e n	
s t e ck e n (er/sie/es s t e ck t)	ʃtɛkən
s t e ck t e, g e s t e ck t	
s t eh e n (er/sie/es s t eh t)	ʃteːən
s t a n d, g e s t a n d e n	
s t eh l e n (er/sie/es s t ieh l t)	ʃteːlən
s t ah l, g e s t oh l e n	
s t ei g e n (er/sie/es s t ei g t)	ʃtaɪ̯gən
s t ie g, g e s t ie g e n	
S t ei n, der	ʃtaɪ̯n
die S t ei n e	
S t e ll e, die	ʃtɛlə
die S t e ll e n	
s t e ll e n	ʃtɛlən
s t e ll t e, g e s t e ll t	
S t e ll u ng, die	ʃtɛlʊŋ
die S t e ll u ng e n	
s t e r b e n (er/sie/es s t i r b t)	ʃtɛrbən
s t a r b, g e s t o r b e n	

S t e r n, der	ʃtɛrn
die S t e r n e	
s t e t s	ʃteːts
S t eu e r, das (das Steuerrad)	ʃɔ͜ʏər
S t eu e r, die (die Geldsteuer)	ʃtɔ͜ʏər
die S t eu e r n	
S t ie f e l, der (= auch Plural)	ʃtiːfəl
S t ie l, der (der Besenstiel)	ʃtiːl
die S t ie l e	
S t i f t, der	ʃtɪft
die S t i f t e	
s t i ll	ʃtɪl
s t i ll e r, am s t i ll s t e n	
S t i mm e, die	ʃtɪmə
die S t i mm e n	
s t i mm e n	ʃtɪmən
s t i mm t e, g e s t i mm t	
s t i n k e n (er/sie/es s t i n k t)	ʃtɪŋkən
s t a n k, g e s t u n k e n	
S t i r n, die (meist Singular)	ʃtɪrn
S t o ck, der	ʃtɔk
die S t ö ck e	
S t o ff, der	ʃtɔf
die S t o ff e	
s t o l z	ʃtɔlt͜s
s t o l z e r, am s t o l z e s t e n	
S t o l z, der (ohne Plural)	ʃtɔlt͜s
s t o ß e n (er/sie/es s t ö ß t)	ʃtoːsən
s t ie ß, g e s t o ß e n	
S t r a f e, die	ʃtraːfə
die S t r a f e n	
S t r a n d, der	ʃtrant
die S t r ä n d e	
S t r a ß e, die	ʃtraːsə
die S t r a ß e n	
S t r au ß, der (der Blumenstrauß)	ʃtra͜ʊs
die S t r äu ß e	
S t r e ck e, die – die S t r e ck e n	ʃtrɛkə

A B C D E F G H I J K L M N O P Q R S T U V W X Y Z

s t r ei ch e n (er/sie/es s t r ei ch t)	ʃtraɪxən
s t r i ch, g e s t r i ch e n	
S t r ei f e n, der (= auch Plural)	ʃtraɪfən
S t r ei t, der (selten Plural)	ʃtraɪt
s t r ei t e n (er/sie/es s t r ei t e t)	ʃtraɪtən
s t r i tt, g e s t r i tt e n	
s t r e ng	ʃtrɛŋ
s t r e ng e r, am s t r e ng s t e n	
S t r i ch, der	ʃtrɪx
die S t r i ch e	
S t r o m, der	ʃtro:m
die S t r ö m e	
s t r ö m e n (er/sie/es s t r ö m t)	ʃtrø:mən
s t r ö m t e, g e s t r ö m t	
S t ü ck, das	ʃtʏk
die S t ü ck e	
S t uh l, der	ʃtu:l
die S t üh l e	
S t u n d e, die	ʃtʊndə
die S t u n d e n	
S t u r m, der	ʃtʊrm
die S t ü r m e	
s t ü r z e n (er/sie/es s t ü r z t)	ʃtʏrtsən
s t ü r z t e, g e s t ü r z t	
S u ch e, die	zu:xə
die S u ch e n	
s u ch e n	zu:xən
s u ch t e, g e s u ch t	
S u ch t, die	zʊxt
die S ü ch t e	
S u mm e, die	zʊmə
die S u mm e n	
S u pp e, die	zʊpə
die S u pp e n	
s ü ß	zy:s
s ü ß e r, am s ü ß e s t e n	
S ü ß i g k ei t, die	zy:sɪxkaɪt
die S ü ß i g k ei t e n	

T

T a f e l, die	taːfəl
die T a f e l n	
T a g, der	taːk
die T a g e	
t a g e n (er/sie/es t a g t)	taːgən
t a g t e, g e t a g t	
t ä g l i ch	tɛːklɪx
t a n k e n (er/sie/es t a n k t)	taŋkən
t a n k t e, g e t a n k t	
T a n k s t e ll e, die	taŋkʃtɛlə
die T a n k s t e ll e n	
T a nn e, die	tanə
die T a nn e n	
T a n t e, die	tantə
die T a n t e n	
t a n z e n	tantsən
t a n z t e, g e t a n z t	
T a sch e, die	taʃə
die T a sch e n	
T a ss e, die	tasə
die T a ss e n	
T a s t e, die	tastə
die T a s t e n	
T a t, die	taːt
die T a t e n	
T ä t i g k ei t, die	tɛːtɪxkaɪt
die T ä t i g k ei t e n	
t au sch e n	taʊʃən
t au sch t e, g e t au sch t	
t au s e n d	taʊzənt
T a x i, das (Eigenname, Schweiz: der T a x i)	taksiː
die T a x i s (Fremdwort)	
T e ch n i k, die (selten Plural: -en) (Fremdwort)	tɛxnɪk
T ee, der (meist Singular) (Fremdwort)	teː

A B C D E F G H I J K L M N O P Q R S T U V W X Y Z

T ei l, der (auch: das T ei l)	ta͜ɪl
die T ei l e	
t ei l e n	ta͜ɪlən
t ei l t e, g e t ei l t	
t ei l s	ta͜ɪls
T e l e f o n, das (Fremdwort)	te:le:fo:n
die T e l e f o n e	
t e l e f o n ie r e n (Fremdwort)	te:le:fo:ni:rən
t e l e f o n ie r t e, t e l e f o n ie r t	
T e ll e r, der (= auch Plural)	tɛlər
T e m p e r a t u r, die (Fremdwort)	tɛmpe:ratu:r
die T e m p e r a t u r e n	
t eu e r	tɔ͜ʏər
t eu r e r, am t eu e r s t e n	
T eu f e l, der (= auch Plural)	tɔ͜ʏfəl
T e x t, der (Fremdwort)	tɛk͜st
die T e x t e	
t ie f	ti:f
t ie f e r, am t ie f s t e n	
T ie f e, die	ti:fə
die T ie f e n	
T ie r, das	ti:r
die T ie r e	
T i g e r, der (= auch Plural) (Fremdwort)	ti:gər
T i sch, der	tɪʃ
die T i sch e	
T o ch t e r, die	tɔxtər
die T ö ch t e r	
T o d, der	to:t
die T o d e	
t o ll	tɔl
t o ll e r, am t o ll s t e n	
T o m a t e, die (Fremdwort)	to:ma:tə
die T o m a t e n	
T o pf, der	tɔp͜f
die T ö pf e	
t o t	to:t

t r a g e n (er/sie/es t r ä g t)	tra:gən
t r u g, g e t r a g e n	
T r ä n e, die	trɛ:nə
die T r ä n e n	
T r au m, der	traʊm
die T r äu m e	
t r au e n	traʊən
t r au t e, g e t r au t	
t r au r i g	traʊrɪx
t r au r i g e r, am t r au r i g s t e n	
t r e ff e n (er/sie/es t r i ff t)	trɛfən
t r a f, g e t r o ff e n	
T r e ff e n, das (= auch Plural)	trɛfən
T r e pp e, die	trɛpə
die T r e pp e n	
t r e t e n (er/sie/es t r i tt)	tre:tən
t r a t, g e t r e t e n	
t r eu	trɔʏ
t r eu e r, am t r eu(e) s t e n	
T r eu e, die (ohne Plural)	trɔʏə
t r i n k e n (er/sie/es t r i n k t)	trɪŋkən
t r a n k, g e t r u n k e n	
T r i tt, der	trɪt
die T r i tt e	
t r o ck e n	trɔkən
t r o ck e n e r, am t r o ck e n s t e n	
t r o tz	trɔts
t r o tz d e m	trɔtsde:m
T u ch, das	tu:x
die T ü ch e r	
t u e (ich t u e, s. t u n)	tu:ə
t u n (er/sie/es t u t)	tu:n
t a t, g e t a n	
T ü r, die	ty:r
die T ü r e n	
t ü r k i s ch	tʏrkɪʃ
T u r m, der	tʊrm
die T ü r m e	

A B C D E F G H I J K L M N O P Q R S T U V W X Y Z

turnen	tʊrnən
turnte, geturnt	
tut (s. tun)	tu:t
Tüte, die	ty:tə
die Tüten	

U

übel	y:bəl
Übel, das (= auch Plural)	y:bəl
üben (er/sie/es übt)	y:bən
übte, geübt	
über	y:bər
überall	y:bəral
überhaupt	y:bərhau̯pt
überqueren (er/sie/es überquert)	y:bərkve:rən
überquerte, überquert	
Überzeugung, die	y:bərt͜sɔ͜ʏgʊŋ
die Überzeugungen	
übrig	y:brɪx
übrige	y:brɪgə
übrigens	y:brɪgəns
Uhr, die	u:r
die Uhren	
um	ʊm
umkehren (er/sie/es kehrt um)	ʊmke:rən
kehrte um, umgekehrt	
Umstand, der	ʊmʃtant
die Umstände	
und	ʊnt
Unfall, der	ʊnfal
die Unfälle	
ungefähr	ʊngəfɛ:r
ungefährlich	ʊngəfɛ:rlɪx
ungefährlicher, am ungefährlichsten	
Unglück, das	ʊnglʏk
die Unglücke	
unmittelbar	ʊnmɪtəlba:r

unmöglich	ʊnmøːklɪx
uns	ʊns
unser	ʊnzər
unseres	ʊnzərəs
unten	ʊntən
unter	ʊntər
Unterhose, die	ʊntərhoːzə
die Unterhosen	
Unterricht, der (Unter + richt) (selten Plural)	ʊntərrɪxt
Urlaub, der	uːrlaʊ̯p
die Urlaube	
Urteil, das	ʊrtaɪ̯l
die Urteile	
urteilen	ʊrtaɪ̯lən
urteilte, geurteilt	

V

Vampir, der (Fremdw., v für seltene w-Lautung)	vampiːr
die Vampire	
Vase, die (Fremdwort, v für seltene w-Lautung)	vaːzə
die Vasen	
Vater, der	faːtər
die Väter	
verabreden (sich) (er/sie/es verabredet (sich))	fɛrapreːdən
verabredete (sich), verabredet	
verbieten (er/sie/es verbietet)	fɛrbiːtən
verbot, verboten	
verbinden (er/sie/es verbindet)	fɛrbɪndən
verband, verbunden	
Verbindung, die	fɛrbɪndʊŋ
die Verbindungen	
verbrauchen (er/sie verbraucht)	fɛrbraʊ̯xən
verbrauchte, verbraucht	
verbrennen (er/sie/es verbrennt)	fɛrbrɛnən
verbrannte, verbrannt	
verbunden (s. verbinden)	fɛrbʊndən

Verein, der	feraɪn
die Vereine	
verfahren (er/sie/es verfährt)	ferfa:rən
verfuhr, verfahren	
Verfasser, der (= auch Plural)	ferfasər
Verfasserin, die	ferfasərɪn
die Verfasserinnen	
vergessen (er/sie/es vergisst)	fergesən
vergaß, vergessen	
vergleichen (er/sie/es vergleicht)	ferglaɪxən
verglich, verglichen	
Vergleich, der	ferglaɪx
die Vergleiche	
Verhältnis, das	ferheltnɪs
die Verhältnisse	
Verkauf, der	ferkaʊf
die Verkäufe	
verkaufen (er/sie/es verkauft)	ferkaʊfən
verkaufte, verkauft	
Verkehr, der (ohne Plural)	ferke:r
verlangen (er/sie/es verlangt)	ferlaŋən
verlangte, verlangt	
verlassen (er/sie/es verlässt)	ferlasən
verließ, verlassen	
verletzen (er/sie/es verletzt)	ferletsən
verletzte, verletzt	
verlieben (sich) (er/sie/es verliebt (sich))	ferli:bən
verliebte, verliebt	
verlieren (er/sie/es verliert)	ferli:rən
verlor, verloren	
Vermögen, das (= auch Plural)	fermø:gən
verpacken (er/sie/es verpackt)	ferpakən
verpackte, verpackt	
verreisen (Teile: ver + reisen)	ferraɪzen
verreiste, verreist	
verrückt (Teile: ver + rückt)	ferrʏkt
verrückter, am verrücktesten	
verschieden	ferʃi:dən
verschiedener, am verschiedensten	

v e r sch m u tz e n (er/sie/es v e r sch m u tz t) fɛrʃmʊt͜sən
v e r sch m u tz t e, v e r sch m u tz t

V e r s eh e n, das (= auch Plural) fɛrze:ən

V e r s t a n d, der (ohne Plural) fɛrʃtant

v e r s t eh e n (er/sie/es v e r s t eh t) fɛrʃte:ən
v e r s t a n d, v e r s t a n d e n

V e r s t e ck, das fɛrʃtɛk
die V e r s t e ck e

v e r s t e ck e n (er/sie/es v e r s t e ck t) fɛrʃtɛkən
v e r s t e ck t e, v e r s t e ck t

V e r s u ch, der fɛrzu:x
die V e r s u ch e

v e r s u ch e n (er/sie/es v e r s u ch t) fɛrzu:xən
v e r s u ch t e, v e r s u ch t

v e r t r au e n (er/sie/es v e r t r au t) fɛrtra͜ʊən
v e r t r au t e, v e r t r au t

v e r w a n dt fɛrvant
v e r w a n dt e r, am v e r w a n dt e s t e n

V e r w a n dt e, der/die fɛrvante
die V e r w a n dt e n

v e r w e chs e l n (er/sie/es v e r w e chs e l t) fɛrvɛk͜səln
v e r w e chs e l t e, v e r w e chs e l t

V ieh, das (nur Orthographeme!) fi:

v ie l fi:l
m eh r, am m ei s t e n

v ie l f a ch fi:lfax

v ie l l ei ch t (Teile: viel + leicht) fi:lla͜ɪxt

Das Wort ist wahrscheinlich aus viel + leicht zusammengesetzt. Die beiden <l> und <l> werden landläufig als <ll> fehlinterpretiert und daraus folgend die Aussprache des <ie> als Kurzvokal, also *[fɪla͜ɪxt].

v ie l m eh r fi:lme:r

v ie r fi:r

v ie r t e fi:rtə

v ie r t e l (auch: v ie r t e l) fɪrtəl (fi:rtəl)

Bei Zusammensetzungen mit dem Wortbestandteil v ie r wechselt die Aussprache des i-Lautes zwischen lang und kurz und befindet sich gegenwärtig offenbar im Wandel: fɪrtəl oder fi:rtəl.

v ie r z eh n fɪrt͜se:n

v ie r z eh n t e	fɪrtseːntə
v ie r z i g	fɪrtsɪx
V i r u s, das (Fremdwort, v für seltene w-Lautung)	viːrʊs
V o g e l, der	foːgəl
die V ö g e l	
V o k a b e l, die (Fremdw., v für seltene w-Lautg.)	voːkaːbəl
V o l k, das	fɔlk
die V ö l k e r	
v o ll (unübliche Steigerung: v o ll e r, am vollsten)	fɔl
v ö ll i g	fœlɪx
v o ll k o mm e n	fɔlkɔmən
v o ll s t ä n d i g	fɔlʃtɛndɪx
v o ll s t ä n d i g e r, am v o ll s t ä n d i g s t e n	
v o m	fɔm
v o n	fɔn
v o r	foːr
v o r a n	foːran
v o r au s	foːraʊs
v o r b ei	foːrbaɪ
v o r b ei k o mm e n (er/sie kommt vorbei)	foːrbaɪkɔmən
k a m v o r b ei, v o r b ei g e k o mm e n	
V o r f ah r t, die	foːrfaːrt
die V o r f ah r t e n	
v o r h a n d e n	foːrhandən
v o r h e r	foːrheːr
v o r i g e n	foːrɪgən
V o r l a g e, die – die V o r l a g e n	foːrlaːgə
V o r m i tt a g, der	foːrmɪtaːk
die V o r m i tt a g e	
v o r m i tt a g s	foːrmɪtaːks
v o r n (e)	fɔrn(ə)
V o r r a t, der (Teile: Vor + rat)	foːrraːt
die V o r r ä t e	
V o r s i ch t, die	foːrzɪxt
v o r s i ch t i g	foːrzɪxtɪx
v o r s i ch t i g e r, am v o r s i ch t i g s t e n	
V o r t ei l, der	foːrtaɪl
die V o r t ei l e	

v o r ü b e r	foːryːbər
V u l k a n, der (Fremdw., v für seltene w-Lautung)	vʊlkaːn
die V u l k a n e	

W

w a ch	vax
w a ch e r, am w a ch (e) s t e n	
w a ch e n (auch: au f w a ch e n)	vaxən
w a ch t e au f, (au f) g e w a ch t	
w a chs e n (er/sie/es w ä chs t)	vaksən
w u chs, g e w a chs e n	
w ä chs t (s. w a chs e n)	vɛkst
w a ck e l n (er/sie/es w a ck e l t)	vakəln
w a ck e l t e, g e w a ck e l t	
W a ff e, die	vafə
die W a ff e n	
w a g e n (er/sie/es w a g t)	vaːgən
w a g t e, g e w a g t	
W a g e n, der (= auch Plural)	vaːgən
W ah l, die	vaːl
die W ah l e n	
w äh l e n (er/sie/es w äh l t)	vɛːlən
w äh l t e, g e w äh l t	
w ah r	vaːr
w äh r e n d	vɛːrənt
W ah r h ei t, dic	vaːrhaɪt
die W ah r h ei t e n	
w ah r sch ei n l i ch	vaːrʃaɪnlɪx
w ah r sch ei n l i ch e r, am w ah r sch ei n l i ch s t e n	
W a l d, der	valt
die W ä l d e r	
W a n d, die	vant
die W ä n d e	
w a n d e r n (er/sie/es w a n d e r t)	vandərn
w a n d e r t e, g e w a n d e r t	
w a nn	van
w a r (er war, s. s ei n, unregelmäßiges Verb)	vaːr

w ä r e (Konjunktiv von s ei n: es wäre)	vɛːrə
W a r e, die	vaːrə
die W a r e n	
w a r e n (sie waren, s. s ei n, unregelm. Verb)	vaːrən
w a r f (s. w e r f e n)	varf
w a r m	varm
w ä r m e r, am w ä r m s t e n	
w a r t e n (er/sie/es w a r t e t)	vartən
w a r t e t e, g e w a r t e t	
w a r u m	varʊm
w a s	vas
W ä sch e, die (nur Plural)	vɛʃə
w a sch e n (er/sie/es w ä sch t)	vaʃən
w u sch, g e w a sch e n	
W a sch m a sch i n e, die (Fremdwort)	vaʃmaʃiːnə
die W a sch m a sch i n e n	
W a ss e r, das (selten Plural: die Wässer)	vasər
w e chs e l n (er/sie/es w e chs e l t)	vɛksəln
w e chs e l t e, g e w e chs e l t	
w e ck e n (er/sie/es w e ck t)	vɛkən
w e ck t e, g e w e ck t	
W e ck e r, der (= auch Plural)	vɛkər
w e ck t au f (s. au f w e ck e n)	vɛkt aʊf
w e d e r	veːdər
w e g	vɛk
W e g, der	veːk
die W e g e	
w e g e n	veːgən
w e g g eh e n (er/sie/es g eh t weg) (weg + gehen)	vɛkgeːən
g i ng w e g, w e g g e g a ng e n	
w e g l au f e n (er/sie/es l äu f t w e g)	vɛklaʊfən
l ie f w e g, w e g g e l au f e n	
w e g n eh m e n (er/sie/es n i mm t w e g)	vɛkneːmən
n ah m w e g, w e g g e n o mm e n	
w eh t u n (er/sie/es t u t w eh)	veːtuːn
t a t w eh, w eh g e t a n	
w ei ch	vaɪx
w ei ch e r, am w ei ch s t e n	

W eih n a ch t, die (ohne Plural)	va͜ɪnaxt
W eih n a ch t e n (meist ohne Artikel, oh. Plural)	va͜ɪnaxtən
w ei l	va͜ɪl
W ei l e, die (ohne Plural)	va͜ɪlə
W ei n, der	va͜ɪn
die W ei n e	
w ei n e n	va͜ɪnən
w ei n t e, g e w ei n t	
W ei n t r au b e, die	va͜ɪntra͜ʊbə
die W ei n t r au b e n	
W ei s e, die (die Art und Weise, meist Singular)	va͜ɪzə
w ei s e	va͜ɪzə
w ei s e r, am w ei s e s t e n	
w ei ß (die Farbe)	va͜ɪs
w ei ß e r, am w ei ß e s t e n	
w ei ß (s. w i ss e n)	va͜ɪs
w ei t	va͜ɪt
w ei t e r, am w ei t e s t e n	
w ei t e r g eh e n (er/sie g eh t w ei t e r)	va͜ɪtərge:ən
g i ng w ei t e r, w ei t e r g e g a ng e n	
w e l ch e	vɛlxə
w e l ch e m	vɛlxəm
w e l ch e n	vɛlxən
w e l ch e r	vɛlxər
W e l t, die	vɛlt
die W e l t e n	
w e m	ve:m
w e n	ve:n
w e n i g	ve:nɪx
w e n i g e r, am w e n i g s t e n	
w e nn	vɛn
w e r	ve:r
w e r d e n (er/sie/es w i r d)	ve:rdən
w u r d e, g e w o r d e n	
w e r f e n (er/sie/es w i r f t)	vɛrfən
w a r f, g e w o r f e n	
W e r k, das	vɛrk
die W e r k e	
w e r t	ve:rt

A B C D E F G H I J K L M N O P Q R S T U V W X Y Z

W e r t, der	veːrt
die W e r t e	
W e s e n, das (= auch Plural)	veːzən
w e s e n t l i c h	veːzəntlɪx
w e s e n t l i ch e r, am w e s e n t l i ch s t e n	
W e tt e, die	vɛtə
die W e tt e n	
W e tt e r, das (selten Plural)	vɛtər
W e tt r e nn e n, das (= auch Plural)	vɛtrɛnən
w i ch t i g	vɪxtɪx
w i ch t i g e r, am w i ch t i g s t e n	
w i d e r (Bedeutung: gegen)	viːdər
w ie	viː
w ie d e r	viːdər
W ie d e r s eh e n, au f	viːdərzeːən, au͜f
W ie d e r s eh e n, das	viːdərzeːən
w ie g e n (er/sie/es w ie g t)	viːgən
w o g, g e w o g e n	
W ie s e, die	viːzə
die W ie s e n	
w ie s o	viːzoː
w i l d	vɪlt
w i l d e r, am w i l d e s t e n	
w i ll (s. w o ll e n)	vɪl
W i ll e, der (selten Plural)	vɪlə
W i n d, der	vɪnt
die W i n d e	
W i n t e r, der (= auch Plural)	vɪntər
w i r	viːr
w i r d (s. w e r d e n)	vɪrt
w i r k e n	vɪrkən
w i r k t e, g e w i r k t	
w i r k l i ch	vɪrklɪx
(eher unüblich: w i r k l i ch e r, am w i r k l i ch s t e n)	
W i r k u ng, die	vɪrkʊŋ
die W i r k u ng e n	
w i sch e n	vɪʃən
w i sch t e, g e w i sch t	

w i ss e n (er/sie/es w ei ß) — vɪsən
  w u ss t e, g e w u ss t
W i ss e n, das (selten Plural) — vɪsən
W i ss e n sch a f t, die — vɪsənʃaft
  die W i ss e n sch a f t e n
W i tz, der — vɪt͡s
  die W i tz e
w i tz i g — vɪt͡sɪx
  w i tz i g e r, am w i tz i g s t e n
w o — voː
w o b ei — voːbaɪ
W o ch e, die — vɔxə
  die W o ch e n
w o d u r ch — voːdʊrx
w oh l — voːl
  w oh l e r, am w oh l s t e n
w oh n e n (er/sie/es w oh n t) — voːnən
  w oh n t e, g e w oh t
W oh n u ng, die — voːnʊŋ
  die W oh n u ng e n
W oh n z i mm e r, das (= auch Plural) — voːnt͡sɪmər
W o l f, der — vɔlf
  die W ö l f e
W o l k e, die — vɔlkə
  die W o l k e n
W o ll e, die (selten Plural) — vɔlə
w o ll e n (er/sie/es w i ll) — vɔlən
  w o ll t e, g e w o ll t
W o r t, das — vɔrt
  die W ö r t e r (sprachwissenschaftl. Kontext)
  die W o r t e (poetisch, literarisch)
W u n sch, der — vʊnʃ
  die W ü n sch e
w ü n sch e n — vʏnʃən
  w ü n sch t e, g e w ü n sch t
w u r d e (s. w e r d e n) — vʊrdə
w ü r d e (s. w e r d e n) — vʏrdə
W ü r d e, die (selten Plural) — vʏrdə
w u r d e n (s. w e r d e n) — vʊrdən

W u r s t, die	vʊrst
die W ü r s t e	
W u r z e l, die	vʊrt͜səl
die W u r z e l n	
W ü s t e, die	vy:stə
die W ü s t e n	
w u ss t e n (s. w i ss e n)	vʊstən
W u t, die (ohne Plural)	vu:t
w ü t e n d	vy:tənt
w ü t e n d e r, am w ü t e n d s t e n	

Z

Z ah l, die	t͜sa:l
die Z ah l e n	
z äh l e n	t͜sɛ:lən
z äh l t e, g e z äh l t	
z ah l e n (er/sie/es z ah l t)	t͜sa:lən
z ah l t e, g e z ah l t	
Z ah l u ng, die	t͜sa:lʊŋ
die Z ah l u ng e n	
Z ah n, der	t͜sa:n
die Z äh n e	
Z ah n b ü r s t e, die	t͜sa:nbʏrstə
die Z ah n b ü r s t e n	
z a n k e n	t͜saŋkən
z a n k t e, g e z a n k t	
z au b e r n (er/sie/es z au b e r t)	t͜sa͜ʊbərn
z au b e r t e, g e z au b e r t	
Z au n, der	t͜sa͜ʊn
die Z äu n e	
Z eh e, die	t͜se:ə
die Z eh e n	
z eh n	t͜se:n
z eh n t e	t͜se:ntə
Z ei ch e n, das (= auch Plural)	t͜sa͜ɪxən
z ei ch n e n (er/sie/es z ei ch n e t)	t͜sa͜ɪxnən
z ei ch n e t e, g e z ei ch n e t	

A B C D E F G H I J K L M N O P Q R S T U V W X Y Z

z ei g e n (er/sie/es z ei g t) z ei g t e, g e z ei g t	tsaɪgən
Z ei t, die die Z ei t e n	tsaɪt
Z ei t u ng, die die Z ei t u ng e n	tsaɪtʊŋ
Z e l t, das die Z e l t e	tsɛlt
z e r b r e ch e n (er/sie/es z e r b r i ch t) z e r b r a ch, z e r b r o ch e n	tsɛrbrɛxən
z e r r ei ß e n (er/sie/es z e r r ei ß t) z e r r i ss, z e r r i ss e n (Teile: zer + reißen)	tsɛrraɪsən
Z e tt e l, der (= auch Plural)	tsɛtəl
Z eu g n i s, das die Z eu g n i ss e	tsɔʏknɪs
Z ie g e, die die Z ie g e n	tsi:gə
z ieh e n (er/sie/es z ieh t) z o g, g e z o g e n	tsi:ən
z ieh t (s. z ieh e n)	tsi:t
Z ie l, das die Z ie l e	tsi:l
z ie m l i ch	tsi:mlɪx
Z i mm e r, das (= auch Plural)	tsɪmər
z o g (s. z ieh e n)	tso:k
Z oo, der die Z oo s	tso:
z u	tsu:
Z u ck e r, der (= auch Plural)	tsʊkər
z u d e ck e n (er/sie/es d e ck t z u) d e ck t e z u, z u g e d e ck t	tsu:dɛkən
z u E n d e	tsu: ɛndə
z u e r s t	tsu:e:st
z u f r ie d e n z u f r ie d e n e r, am z u f r ie d e n s t e n	tsu:fri:dən
Z u g, der die Z ü g e	tsu:k
z u g l ei ch	tsu:glaɪx

Z u h au s e, das (meist ohne Plural)	tsu:haʊzə
Z u k u n f t, die (selten Plural)	tsu:kʊnft
z u l e tz t	tsu:lɛtst
z u m	tsʊm
z u m B ei s p ie l	tsʊm baɪʃpi:l
z u m a ch e n (er/sie/es m a ch t z u)	tsu:maxən
m a ch t e z u, z u g e m a ch t	
z u n ä ch s t	tsu:nɛ:xst

Bei diesem Wort hört man häufig die Aussprache *[tsu:nɛ:kst], weil offenbar die Graphemfolge <ch> + <s> fälschlicherweise hier als <chs> interpretiert wird.

Z u ng e, die	tsʊŋə
die Z u ng e n	
z u r	tsu:r
z u r ü ck	tsu:rʏk
z u r ü ck g e b e n (er/sie/es g i b t z u r ü ck)	tsu:rʏkge:bən
g a b z u r ü ck, z u r ü ck g e g e b e n	
z u s a mm e n	tsu:zamən
Z u s t a n d, der	tsu:ʃtant
die Z u s t ä n d e	
z u v ie l	tsu:fi:l
z w a n z i g	tsvantsɪx
z w a r	tsva:r
Z w e ck, der	tsvɛk
die Z w e ck e	
z w ei	tsvaɪ
Z w ei f e l, der (= auch Plural)	tsvaɪfəl
z w ei f e l n (er/sie/es z w ei f e l t)	tsvaɪfəln
z w ei f e l t e, g e z w ei f e l t	
z w ei m a l	tsvaɪma:l
z w ei t e(r)	tsvaɪtə(r)
Z w ie b e l, die	tsvi:bəl
die Z w ie b e l n	
z w i ng e n (er/sie/es z w i ng t)	tsvɪŋən
z w a ng, g e z w u ng e n	
z w i sch e n	tsvɪʃən
z w ö l f	tsvœlf
z w ö l f t e	tsvœlftə

3 Tabellen und Übersichten

Alle Daten der folgenden Tabellen und Diagramme stammen aus der Auszählung von 100.000 Phonem-Graphem-Beziehungen in deutschen Texten (vgl. Thomé, Siekmann, Thomé 2011; Siekmann, Thomé 2018; Thomé 2019). Die Prozentwerte und die Häufigkeitsangaben sind gerundet. Hieraus können sich leichte Abweichungen zu 100 Prozent bzw. zu den 100.000 Einheiten ergeben. Die Orthographeme <bb> (wie *Ebbe*) und <dd> (wie *Kladde*) sind so selten, dass sie im gesamten Textkorpus dieser Auszählung nicht auftraten. Das Balkendiagramm „Alle Schrifteinheiten des Deutschen“ (S. 119) ist zusammen mit zwei Übersichten über die Phoneme und Basisgrapheme im Deutschen als A2-Übersichtsposter erschienen (Thomé, Thomé 2014).

In den hier abgebildeten Tabellen sind im Unterschied zu früheren Veröffentlichungen der 100.000er-Auszählung keine Grapheme mehr enthalten, die ausschließlich in Fremdwörtern vorkommen, beispielsweise <ph> oder <th>. Im zugrunde liegenden Textkorpus (mit über 23.000 Wörtern) wurden die entsprechenden Fremdwörter nun komplett entfernt und durch indigene Wörter ersetzt (bis der Umfang von 100.000 Phonem-Graphem-Beziehungen wieder erreicht war). Lediglich im Balkendiagramm „Alle Di- und Trigrapheme“ (S. 118) ist das sehr seltene <th> enthalten.

Bei den **Häufigkeitsangaben** ist zu beachten, ob es um die absolute Häufigkeit im ausgewerteten Korpus oder die Häufigkeit eines Graphems bezogen auf das jeweilige Phonem geht. So ist z. B. das <j> ein dem j-Laut zu 100 Prozent entsprechendes Graphem (es gibt hier keine Orthographeme), aber insgesamt ist das <j> unter den Konsonantenverschriftungen sehr selten (Platz 20 von 22).

Der in der Regel – besonders in didaktischen Materialien – nur sehr selten erwähnte und berücksichtigte **Schwa-**Laut (/ə/, z. B. in *ein**e**, ein**e**n, hab**e**n, sag**e**n, g**e**wes**e**n, b**e**komm**e**n)* ist dagegen **der häufigste Vokal** im Deutschen.

Vokale

Vokale und Basisgrapheme (absolute Häufigkeit in Texten) ↓

Vokal	**Basisgraphem** (in %: die Häufigkeit der Basisgrapheme für entspr. Phoneme)	**abs. Häufigkeit bei 100.000 Einheiten***, gerundet
1. /ə/	**E** (100 %)	9 600
2. /ɪ/	**I** (99,75 %)	3 960
3. /a/	**A** (100 %)	3 720
4. /a͜ɪ/	**EI** (99,5 %)	2 340
5. /eː/	**E** (85,8 %)	2 290
6. /aː/	**A** (90,9 %)	2 220
7. /ɛ/	**E** (87,5 %)	2 090
8. /iː/	**IE** (72,2 %)	1 960
9. /ʊ/	**U** (100 %)	1 840
10. /ɔ/	**O** (100 %)	1 460
11. /a͜ʊ/	**AU** (100 %)	1 030
12. /uː/	**U** (96,1 %)	1 030
13. /oː/	**O** (89 %)	970
14. /yː/	**Ü** (78,1 %)	310
15. /ʏ/	**Ü** (100 %)	300
16. /øː/	**Ö** (86,7 %)	180
17. /ɔ͜ʏ/	**EU** (81,8 %)	160
18. /ɛː/	**Ä** (69 %)	130
19. /œ/	**Ö** (100 %)	110

* nur Angabe der Häufigkeit der Basisgrapheme

Vokale und Basisgrapheme: Beispielwörter

Vokal	Basis-graphem	Beispiele: Nomen	Beispielwörter: „kleine“ Wörter	abs. **Häufigkeit**, gerundet
1. /ə/	**E**	der HAS**E**	EIN**E**, HAB**E**N	9 600
2. /ɪ/	**I**	die **I**NSEL	**I**N, **I**M, M**I**T, N**I**CHT	3 960
3. /a/	**A**	der **A**PFEL	D**A**S, W**A**S, **A**LS	3 720
4. /aɪ̯/	**EI**	das **EI**	**EI**N, **EI**NE, S**EI**N	2 340
5. /eː/	**E**	die F**E**DER	**E**R, W**E**R, D**E**N	2 290
6. /aː/	**A**	das GL**A**S	D**A**, **A**BER, W**A**R	2 220
7. /ɛ/	**E**	das Z**E**LT	**E**S, D**E**S, **E**TWAS	2 090
8. /iː/	**IE**	die B**IE**NE	D**IE**, S**IE**, W**IE**, N**IE**	1 960
9. /ʊ/	**U**	die M**U**SCHEL	**U**NS, Z**U**M	1 840
10. /ɔ/	**O**	der FR**O**SCH	**O**FT, D**O**CH	1 460
11. /uː/	**U**	die BL**U**ME	Z**U**, D**U**, N**U**N	1 030
12. /aʊ̯/	**AU**	das **AU**TO	**AU**F, **AU**S, **AU**CH	1 030
13. /oː/	**O**	die H**O**SE	**O**DER, S**O**, W**O**	970
14. /yː/	**Ü**	die T**Ü**R	**Ü**BER, **Ü**BEN, F**Ü**R	310
15. /ʏ/	**Ü**	die B**Ü**SCHE	F**Ü**NF	300
16. /øː/	**Ö**	der L**Ö**WE	SCH**Ö**N, B**Ö**SE	180
17. /ɔʏ̯/	**EU**	die **EU**LE	**EU**CH, N**EU**	160
18. /ɛː/	**Ä**	der K**Ä**SE	W**Ä**RE, N**Ä**MLICH	130
19. /œ/	**Ö**	die T**Ö**PFE	ZW**Ö**LF, **Ö**FTER	110

Vokale mit allen Graphemen

nach der Häufigkeit der Basisgraphemverschriftung

↓

Vokal	Basis-graphem	1. Ortho-graphem	2. Ortho-graphem	3. Ortho-graphem	abs. Häufigkeit, gerundet
/ə/	**E (100 %)**	–	–	–	9 600
/a/	**A (100 %)**	–	–	–	3 720
/ʊ/	**U (100 %)**	–	–	–	1 840
/ɔ/	**O (100 %)**	–	–	–	1 460
/a͜ʊ/	**AU (100 %)**	–	–	–	1 030
/ʏ/	**Ü (100 %)**	–	–	–	300
/œ/	**Ö (100 %)**	–	–	–	110
/ɪ/	**I (99,75 %)**	IE (0,25 %)	–	–	3 970
/a͜ɪ/	**EI (99,5 %)**	EIH (0,3 %)	AI (0,2 %)*	–	2 350
/uː/	**U (96,1 %)**	UH (3,9 %)	–	–	1 080
/aː/	**A (90,9 %)**	AH (7,6 %)	AA (1,5 %)	–	2 450
/oː/	**O (89 %)**	OH (10,9 %)	OO (0,2 %)	–	1 090
/ɛ/	**E (87,5 %)**	Ä (12,5 %)	–	–	2 390
/øː/	**Ö (86,7 %)**	ÖH (13,3 %)	–	–	210
/eː/	**E (85,8 %)**	EH (12,7 %)	EE (1,6 %)	–	2 670
/ɔ͜ʏ/	**EU (81,8 %)**	ÄU (18,2 %)	–	–	200
/yː/	**Ü (78,1 %)**	ÜH (21,9 %)	–	–	400
/iː/	**IE (72,2 %)**	IH (17,7 %)	I (8,7 %)	IEH (1,4 %)	2 710
/ɛː/	**Ä (69 %)**	ÄH (31 %)	–	–	180

* nur oder meist in Fremdwörtern vorhanden

Vokale mit allen Graphemen
nach der Auftretenshäufigkeit in Texten (1.–19. Platz)

Platz	Vokal	Basis-graphem	Ortho-graphem	Ortho-graphem	Ortho-graphem	abs. Häu-figkeit, ger. ↓
1.	/ə/	E	–	–	–	9 600
2.	/ɪ/	I	IE	–	–	3 970
3.	/a/	A	–	–	–	3 720
4.	/iː/	IE	IH	I	IEH	2 710
5.	/eː/	E	EH	EE	–	2 670
6.	/aː/	A	AH	AA	–	2 450
7.	/ɛ/	E	Ä	–	–	2 390
8.	/aɪ̯/	EI	EIH	AI*	–	2 350
9.	/ʊ/	U	–	–	–	1 840
10.	/ɔ/	O	–	–	–	1 460
11.	/oː/	O	OH	OO	–	1 090
12.	/uː/	U	UH	–	–	1 080
13.	/aʊ̯/	AU	–	–	–	1 030
14.	/yː/	Ü	ÜH	–	–	400
15.	/ʏ/	Ü	–	–	–	300
16.	/øː/	Ö	ÖH	–	–	210
17.	/ɔʏ̯/	EU	ÄU	–	–	200
18.	/ɛː/	Ä	ÄH	–	–	180
19.	/œ/	Ö	–	–	–	110

* nur oder meist in Fremdwörtern vorhanden

Vokale mit allen Graphemen, in Prozent

nach der Auftretenshäufigkeit in Texten (1.–19. Platz)

Platz	Vokal	Basis-graphem	Ortho-graphem	Ortho-graphem	Ortho graphem	abs. Häufigkeit, ger. ↓
1.	/ə/	**E (100 %)**	-	-	-	**9 600**
2.	/ɪ/	**I (99,75 %)**	IE (0,25 %)	-	-	**3 970**
3.	/a/	**A (100 %)**	-	-	-	**3 720**
4.	/iː/	**IE (72,2 %)**	IH (17,7 %)	I (8,7 %)	IEH (1,4%)	**2 710**
5.	/eː/	**E (85,8 %)**	EH (12,7 %)	EE (1,6 %)	-	**2 670**
6.	/aː/	**A (90,9 %)**	AH (7,6 %)	AA (1,5 %)	-	**2 450**
7.	/ɛ/	**E (87,5 %)**	Ä (12,5 %)	-	-	**2 390**
8.	/a͜ɪ/	**EI (99,5 %)**	EIH (0,3 %)	AI (0,2 %)*	-	**2 350**
9.	/ʊ/	**U (100 %)**	-	-	-	**1 840**
10.	/ɔ/	**O (100 %)**	-	-	-	**1 460**
11.	/oː/	**O (89 %)**	OH (10,9 %)	OO (0,2 %)	-	**1 090**
12.	/uː/	**U (96,1 %)**	UH (3,9 %)	-	-	**1 080**
13.	/a͜ʊ/	**AU (100 %)**	-	-	-	**1 030**
14.	/yː/	**Ü (78,1 %)**	ÜH (21,9 %)	-	-	**400**
15.	/ʏ/	**Ü (100 %)**	-	-	-	**300**
16.	/øː/	**Ö (86,7 %)**	ÖH (13,3 %)	-	-	**210**
17.	/ɔ͜ʏ/	**EU (81,8%)**	ÄU (18,2 %)	-	-	**200**
18.	/ɛː/	**Ä (69 %)**	ÄH (31 %)	-	-	**180**
19.	/œ/	**Ö (100 %)**	-	-	-	**110**

* nur oder meist in Fremdwörtern vorhanden

Vokale mit allen Graphemen

gegliedert nach der Häufigkeit von Orthographemgruppen (1.–19. Platz)

Vokale		Basisgraphem	Orthographeme über 20 %	Orthogr. zwischen 10–20 %	Orthogr. zwischen 1–10 %	Orthographeme unter 1 %	abs. Häufigkeit, gerundet
1.	/ə/	**E** (100 %)	–	–	–	–	9 600
2.	/a/	**A** (100 %)	–	–	–	–	3 720
3.	/ʊ/	**U** (100 %)	–	–	–	–	1 840
4.	/ɔ/	**O** (100 %)	–	–	–	–	1 460
5.	/a͜ʊ/	**AU** (100 %)	–	–	–	–	1 030
6.	/ʏ/	**Ü** (100 %)	–	–	–	–	300
7.	/œ/	**Ö** (100 %)	–	–	–	–	110
8.	/ɪ/	**I** (99,75 %)	–	–	–	**IE** (0,25 %)	3 970
9.	/a͜ɪ/	**EI** (99,5 %)	–	–	–	**EIH** (0,3 %) **AI** (0,2 %)*	2 350
10.	/uː/	**U** (96,1 %)	–	–	**UH** (3,9 %)	–	1 080
11.	/aː/	**A** (90,9 %)	–	–	**AH** (7,6 %) **AA** (1,5 %)	–	2 450
12.	/oː/	**O** (89 %)	–	**OH** (10,9 %)	–	**OO** (0,2 %)	1 090
13.	/ɛ/	**E** (87,5 %)	–	**Ä** (12,5 %)	–	–	2 390
14.	/øː/	**Ö** (86,7 %)	–	**ÖH** (13,3 %)	–	–	210
15.	/eː/	**E** (85,8 %)	–	**EH** (12,7 %)	**EE** (1,6 %)	–	2 670
16.	/ɔ͜ʏ/	**EU** (81,8 %)	–	**ÄU** (18,2 %)	–	–	200
17.	/yː/	**Ü** (78,1 %)	**ÜH** (21,9 %)	–	–	–	400
18.	/iː/	**IE** (72,2 %)	–	**IH** (17,7 %)	**I** (8,7 %) **IEH** (1,4 %)	–	2 710
19.	/ɛː/	**Ä** (69 %)	**ÄH** (31 %)	–	–	–	180

* nur oder meist in Fremdwörtern vorhanden

Konsonanten

Konsonanten und Basisgrapheme, absolute Häufigkeit in Texten

Konsonant		**Basisgraphem** (in Prozent: die Häufigkeit des Basisgraphems für das entsprechende Phonem)	abs. Häufigkeit auf 100.000 Einheiten, gerundet*
1.	/n/	**N** (95,3 %)	10 090
2.	/r/	**R** (98,95 %)	7 830
3.	/t/	**T** (73,7 %)	5 480
4.	/d/	**D** (100 %)	4 440
5.	/l/	**L** (83,4 %)	3 030
6.	/s/	**S** (76,2 %)	2 630
7.	/x/	**CH** (92,1 %)	2 620
8.	/z/	**S** (100 %)	2 480
9.	/m/	**M** (89,2 %)	2 460
10.	/v/	**W** (99,3 %)	2 260
11.	/g/	**G** (99,95 %)	2 100
12.	/b/	**B** (100 %)	2 010
13.	/f/	**F** (65,4 %)	1 490
14.	/h/	**H** (100 %)	1 470
15.	/k/	**K** (57,95 %)	1 210
16.	/t͜s/	**Z** (87,2 %)	1 050
17.	/ʃ/	**SCH** (59 %)	900
18.	/ŋ/	**NG** (82,5 %)	510
19.	/p/	**P** (53,5 %)	410
20.	/j/	**J** (100 %)	230
21.	/p͜f/	**PF** (100 %)	90
22.	/k͜s/	**CHS** (71,1 %)	30

* nur Angabe der Häufigkeit der Basisgrapheme

Konsonanten und Basisgrapheme: Beispielwörter

Konsonant	Basis-graphem	Beispiele: Nomen	Beispielwörter: „kleine" Wörter	abs. Häufigkeit, gerundet
1. /n/	N	die **N**ASE	**N**ICHT, **N**ACH	10 090
2. /r/	R	das **R**OT	**R**AUS, **R**EIN, E**R**	7 830
3. /t/	T	der **T**ISCH	**T**IEF, IS**T**, MI**T**	5 490
4. /d/	D	das **D**ACH	**D**ER, **D**IE, **D**AS	4 440
5. /l/	L	die **L**AMPE	**L**OS, A**L**S, WEI**L**	3 030
6. stimmloses /s/	S	der A**S**T	DA**S**, I**S**T, E**S**	2 630
7. /x/	CH	das BU**CH**	SI**CH**, NA**CH**	2 620
8. stimmhaftes /z/	S	das **S**EIL	**S**IE, **S**O, **S**EIN	2 480
9. /m/	M	die **M**AUS	**M**IT, A**M**, I**M**	2 450
10. /v/	W	die **W**IESE	**W**IE, **W**AR, **W**AS	2 260
11. /g/	G	die **G**ABEL	**G**UT, **G**ANZ	2 100
12. /b/	B	der **B**AUM	**B**EI, **B**IS, HA**B**EN	2 010
13. /f/	F	der **F**ISCH	**F**ÜR, **F**ÜN**F**, AU**F**	1 490
14. /h/	H	das **H**AUS	**H**AT, **H**ABEN	1 470
15. /k/	K	der **K**UCHEN	**K**EIN, **K**URZ	1 210
16. /t͡s/	Z	der **Z**AUN	**Z**U, **Z**UR, KUR**Z**	1 050
17. /ʃ/	SCH	das **SCH**AF	**SCH**ON, **SCH**ÖN	900
18. /ŋ/	NG	der RI**NG**	LA**NG**, JU**NG**	510
19. /p/	P	der **P**INSEL	**P**IE**P**, **P**LUM**P**	410
20. /j/	J	der **J**UNGE	**J**A, **J**E, **J**EDER	230
21. /p͡f/	PF	die **PF**ERDE	**PF**UI	90
22. /k͡s/	CHS	der FU**CHS**	SE**CHS**	30

Konsonanten mit allen Graphemen
nach der Häufigkeit der Basisgraphemverschriftung

Konso-nant		Basis-graphem	1. Ortho-graphem	2. Ortho-graphem	3. Ortho-graphem	abs. Häu-figkeit, ger.
1.	/d/	D (100 %)	-	-	**	4 440
2.	/z/	S (100 %)	-	-	-	2 480
3.	/b/	B (100 %)	-	-	**	2 010
4.	/h/	H (100 %)	-	-	-	1 470
5.	/j/	J (100 %)	-	-	-	230
6.	/p͜f/	PF (100 %)	-	-	-	90
7.	/g/	G (99,95 %)	GG (0,05 %)	-	-	2 100
8.	/v/	W (99,3 %)	V (0,7 %)*	-	-	2 280
9.	/r/	R (98,95 %)	RR (1,05%)	-	-	7 910
10.	/n/	N (95,3 %)	NN (4,7 %)	-	-	10 590
11.	/x/	CH (92,1 %)	G (7,9 %)	-	-	2 850
12.	/m/	M (89,2 %)	MM (10,8 %)	-	-	2 750
13.	/t͜s/	Z (87,2 %)	TZ (12,8%)	-	-	1 210
14.	/l/	L (83,4 %)	LL (16,6 %)	-	-	3 640
15.	/ŋ/	NG (82,5 %)	N (17,5 %)	-	-	620
16.	/s/	S (76,2 %)	SS (15,6%)	ß (8,1 %)	-	3 450
17.	/t/	T (73,7 %)	D (20,4 %)	TT (5,6 %)	DT (0,3 %)	7 440
18.	/k͜s/	CHS (71,1%)	X (29 %)*	-	-	40
19.	/f/	F (65,4 %)	V (32 %)	FF (2,6 %)	-	2 280
20.	/ʃ/	SCH (59 %)	S (41 %)	-	-	1 520
21.	/k/	K (57,95%)	G (26,7 %)	CK (15,4 %)	-	2 080
22.	/p/	P (53,5 %)	B (40,1 %)	PP (6,4 %)	-	760

* nur oder meist in Fremdwörtern vorhanden
** nicht im Korpus der 100.000er-Auszählung enthalten

Konsonanten mit allen Graphemen
nach der Auftretenshäufigkeit in Texten (1.–22. Platz)

Konso- nant		Basis- graphem	Ortho- graphem	Ortho- graphem	Ortho- graphem	abs. Häufigkeit, gerundet
1.	/n/	N	NN	-	-	10 590
2.	/r/	R	RR	-	-	7 910
3.	/t/	T	D	TT	DT	7 440
4.	/d/	D	DD**	-	-	4 440
5.	/l/	L	LL	-	-	3 640
6.	/s/	S	SS	ß	-	3 450
7.	/x/	CH	G	-	-	2 850
8.	/m/	M	MM	-	-	2 750
9.	/z/	S	-	-	-	2 480
10.	/f/	F	V	FF	-	2 280
11.	/v/	W	V*	-	-	2 280
12.	/g/	G	GG	-	-	2 100
13.	/k/	K	G	CK	-	2 080
14.	/b/	B	BB**	-	-	2 010
15.	/ʃ/	SCH	S	-	-	1 520
16.	/h/	H	-	-	-	1 470
17.	/t͜s/	Z	TZ	-	-	1 210
18.	/p/	P	B	PP	-	760
19.	/ŋ/	NG	N	-	-	620
20.	/j/	J	-	-	-	230
21.	/p͜f/	PF	-	-	-	90
22.	/k͜s/	CHS	X*	-	-	40

* nur oder meist in Fremdwörtern vorhanden
** Grapheme <dd>, <bb> nicht im Korpus der 100.000er-Auszählung enthalten

Konsonanten mit allen Graphemen, in Prozent

nach der Häufigkeit in Texten (1.–22. Platz)

Konsonant		Basisgraphem	Orthographem	Orthographem	Orthographem	absolute Häufigkeit, gerundet ↓
1.	/n/	N (95,3 %)	NN (4,7 %)	-	-	10 590
2.	/r/	R (98,95 %)	RR (1,05 %)	-	-	7 910
3.	/t/	T (73,7 %)	D (20,4 %)	TT (5,6 %)	DT (0,3 %)	7 440
4.	/d/	D (100 %)	DD**	-	-	4 440
5.	/l/	L (83,4 %)	LL (16,6 %)	-	-	3 640
6.	/s/	S (76,2 %)	SS (15,6%)	ß (8,1 %)	-	3 450
7.	/x/	CH (92,1 %)	G (7,9 %)	-	-	2 850
8.	/m/	M (89,2 %)	MM (10,8%)	-	-	2 750
9.	/z/	S (100 %)	-	-	-	2 480
10.	/f/	F (65,4 %)	V (32 %)	FF (2,6 %)	-	2 280
11.	/v/	W (99,3 %)	V (0,7 %)*	-	-	2 280
12.	/g/	G (99,95 %)	GG (0,05 %)	-	-	2 100
13.	/k/	K (57,95 %)	G (26,7 %)	CK (15,4 %)	-	2 080
14.	/b/	B (100 %)	BB**	-	-	2 010
15.	/ʃ/	SCH (59 %)	S (41 %)	-	-	1 520
16.	/h/	H (100 %)	-	-	-	1 470
17.	/t͜s/	Z (87,2 %)	TZ (12,8 %)	-	-	1 210
18.	/p/	P (53,5 %)	B (40,1 %)	PP (6,4 %)	-	760
19.	/ŋ/	NG (82,5 %)	N (17,5 %)	-	-	620
20.	/j/	J (100 %)	-	-	-	230
21.	/p͜f/	PF (100 %)	-	-	-	90
22.	/k͜s/	CHS (71,1%)	X (29 %)*	-	-	40

* nur oder meist in Fremdwörtern vorhanden

** <dd>, <bb> nicht im Korpus der 100.000er-Auszählung enthalten

Konsonanten mit allen Graphemen

gegliedert nach der Häufigkeit von Orthographemgruppen (1.–22. Platz)

	Konsonant	Basisgraphem	Orthogr. über 20 %	Orthogr. zw. 10–20 %	Orthogr. zw. 1–10 %	Orthogr. unter 1 %	abs. Häufigk., ger.
1.	/d/	**D (100 %)**	-	-	-	**	4 440
2.	/z/	**S (100 %)**	-	-	-	-	2 480
3.	/b/	**B (100 %)**	-	-	-	**	2 010
4.	/h/	**H (100 %)**	-	-	-	-	1 470
5.	/j/	**J (100 %)**	-	-	-	-	230
6.	/pf/	**PF (100 %)**	-	-	-	-	90
7.	/g/	**G (99,95 %)**	-	-	-	GG (0,05 %)	2 100
8.	/v/	**W (99,3 %)**	-	-	-	V (0,7 %)*	2 280
9.	/r/	**R (98,95 %)**	-	-	RR (1,05 %)	-	7 910
10.	/n/	**N (95,3 %)**	-	-	NN (4,7 %)	-	10 590
11.	/x/	**CH (92,1 %)**	-	-	G (7,9 %)	-	2 850
12.	/m/	**M (89 %)**	-	MM (11 %)	-	-	2 750
13.	/ts/	**Z (87,2 %)**	-	TZ (12,8 %)	-	-	1 210
14.	/l/	**L (83,4 %)**	-	LL (16,6 %)	-	-	3 640
15.	/ŋ/	**NG (82 %)**	-	N (18 %)	-	-	620
16.	/s/	**S (76,2 %)**	-	SS (15,6 %)	ß (8,1 %)	-	3 450
17.	/t/	**T (74 %)**	-	D (20 %)	TT (5,6 %)	DT (0,3 %)	7 440
18.	/ks/	**CHS (71,1 %)**	X (29 %)*	-	-	-	40
19.	/f/	**F (65 %)**	V (32 %)	-	FF (2,6 %)	-	2 290
20.	/ʃ/	**SCH (59 %)**	S (41 %)	-	-	-	1 520
21.	/k/	**K (57,95 %)**	G (26,7 %)	CK (15,4 %)	-	-	2 080
22.	/p/	**P (53,5 %)**	B (40,1 %)	-	PP (6,4 %)	-	760

* nur oder meist in Fremdwörtern vorhanden
** nicht im Korpus der 100.000er-Auszählung enthalten

Vokale und Konsonanten mit allen Graphemen

nach ihrer Auftretenshäufigkeit in Texten (1.–41. Platz)

Vokale und Konsonanten		Basisgraphem in %: die Häufigkeit des Basisgraphems für d. Phonem	Orthographem	Orthographem	Orthographem	↓ absolute Häufigkeit, gerundet
1.	/n/	**N** (95,3 %)	**NN**	-	-	**10 590**
2.	/ə/	**E** (100 %)	-	-	-	**9 600**
3.	/r/	**R** (98,95 %)	**RR**	-	-	**7 910**
4.	/t/	**T** (73,7 %)	**D**	**TT**	**DT**	**7 440**
5.	/d/	**D** (100 %)	**DD****	-	-	**4 440**
6.	/ɪ/	**I** (99,75 %)	**IE**	-	-	**3 970**
7.	/a/	**A** (100 %)	-	-	-	**3 720**
8.	/l/	**L** (83,4 %)	**LL**	-	-	**3 640**
9.	/s/	**S** (76,2 %)	**SS**	**ß**	-	**3 450**
10.	/x/	**CH** (92,1 %)	**G**	-	-	**2 850**
11.	/m/	**M** (89,2 %)	**MM**	-	-	**2 750**
12.	/iː/	**IE** (72,2 %)	**IH**	**I**	**IEH**	**2 710**
13.	/eː/	**E** (85,8 %)	**EH**	**EE**	-	**2 670**
14.	/z/	**S** (100 %)	-	-	-	**2 480**
15.	/aː/	**A** (90,9 %)	**AH**	**AA**	-	**2 450**
16.	/ɛ/	**E** (87,5 %)	**Ä**	-	-	**2 390**
17.	/aɪ̯/	**EI** (99,5 %)	**EIH**	**AI***	-	**2 350**
18.	/f/	**F** (65,4 %)	**V**	**FF**	-	**2 280**
19.	/v/	**W** (99,3 %)	**V***	-	-	**2 280**
20.	/g/	**G** (99,95 %)	**GG**	-	-	**2 100**

Vokale u. Konsonanten, Fortsetzung		Basisgraphem in %: die Häufigkeit des Basisgraphems für das Phonem	Orthographem	Orthographem	Orthographem	↓ absolute Häufigkeit, gerundet
21.	/k/	K (57,95 %)	G	CK	-	2 080
22.	/b/	B (100 %)	BB**	-	-	2 010
23.	/ʊ/	U (100 %)	-	-	-	1 840
24.	/ʃ/	SCH (59 %)	S	-	-	1 520
25.	/h/	H (100 %)	-	-	-	1 470
26.	/ɔ/	O (100 %)	-	-	-	1 460
27.	/t͜s/	Z (87,2 %)	TZ	-	-	1 210
28.	/oː/	O (89 %)	OH	OO	-	1 090
29.	/uː/	U (96,1 %)	UH	-	-	1 080
30.	/a͜ʊ/	AU (100 %)	-	-	-	1 030
31.	/p/	P (53,5 %)	B	PP	-	760
32.	/ŋ/	NG (82,5%)	N	-	-	620
33.	/yː/	Ü (78,1 %)	ÜH	-	-	400
34.	/ʏ/	Ü (100 %)	-	-	-	300
35.	/j/	J (100 %)	-	-	-	230
36.	/øː/	Ö (86,7 %)	ÖH	-	-	210
37.	/ɔ͜ʏ/	EU (81,8%)	ÄU	-	-	200
38.	/ɛː/	Ä (69 %)	ÄH	-	-	180
39.	/œ/	Ö (100 %)	-	-	-	110
40.	/p͜f/	PF (100 %)	-	-	-	90
41.	/k͜s/	CHS (71,1 %)	X*	-	-	40

* nur oder meist in Fremdwörtern vorhanden

** Grapheme <dd>, <bb> nicht in der 100.000er-Auszählung enthalten

Alle Di- und Trigrapheme des Deutschen

Graphem	Beispiel
ch	ich/acht
ei	drei
ie	Wiese
au	bauen
sch	schon
ll	schnell
ss	Fluss
ng	Ring
nn	kann
ih	ihr
tt	bitte
eh	Fehler
ck	Zweck
mm	immer
ah	sah
eu	Leute
tz	Satz
oh	wohl
pf	Apfel
üh	Mühle
rr	starr
ff	Schiff
äh	gähnen
pp	Suppe
ee	See
uh	Schuh
ieh	zieht
aa	Haar
äu	Bäume
öh	fröhlich
chs	Fuchs
dt	Stadt
ie	vierzig
eih	weihen
ai	Mai
th	Theater
oo	Moos
gg	Roggen

Alle Schrifteinheiten des Deutschen, Balkendiagramm

Graphem	Kommentar	Prozent	Beispiel
n		10,1	Nase
-e	<e> für /ə/	9,6	Hase
r		7,8	Rakete
t		5,5	Tisch
d		4,4	Dach
i	kurz	4,0	Insel
a	kurz	3,7	Apfel
l		3,0	Lampe
s	<s> für /s/	2,6	Eis
ch		2,6	Milch Buch
s	<s> für /z/	2,5	Seil
m		2,5	Maus
ei	lang	2,3	eins
e	lang	2,3	Feder
w		2,3	Wiese
a	lang	2,2	Glas
g		2,1	Gabel
e	<e> für /ɛ/	2,1	Zelt
b		2,0	Baum
ie	lang	2,0	Biene
u	kurz	1,8	Muschel
d	<d> für /t/	1,5	und
f		1,5	Fisch
h		1,5	Haus
o	<o> für /ɔ/	1,5	Frosch
k		1,2	Kuchen
z	<z> für /ts/	1,1	Zaun
au	lang	1,0	Auto
u	lang	1,0	Blume
o	lang	1,0	Hose
sch		0,9	Schaf
v	<v> für /f/	0,7	von
s	<s> für /ʃ/	0,6	Stein
ll		0,6	Ball
g	<g> für /k/	0,6	sagte
ss		0,5	dass
ng		0,5	Ring
nn		0,5	Sonne
ih	lang	0,5	ihm
tt		0,4	hatte
p		0,4	Pinsel
eh	lang	0,3	mehr
ck		0,3	zurück
ü	lang	0,3	Hüte
b	<b> für /p/	0,3	selbst
ü	kurz	0,3	Büsche
ä	<ä> für /ɛ/	0,3	Äpfel
mm		0,3	Zimmer
ß	<ß> für /s/	0,3	Fuß
i	lang	0,2	wir
j		0,2	Jäger
g	<g> für /x/ [ç]	0,2	König
ah	lang	0,2	Jahr
ö	lang	0,2	Löwe
eu	lang	0,2	Eule
tz	<tz> für /ts/	0,2	Katze
ä	lang	0,1	Käse
oh	lang	0,1	Ohr
ö	kurz	0,1	Töpfe
n	<n> für /ŋ/	0,1	Bank
pf		0,1	Pferde
üh	lang	0,1	Mühle
rr		0,1	Herr
ff		0,1	offen
äh	lang	0,1	Zähne
pp		0,05	Treppe
ee	lang	0,04	Schnee
uh	lang	0,04	Uhr
ieh	lang	0,04	sieht
aa	lang	0,04	Haar
äu	lang	0,04	Bäume
öh	lang	0,03	Höhle
chs	<chs> für /ks/	0,03	Fuchs
dt	<dt> für /t/	0,02	Stadt
x	<x> für /ks/	0,01	Axt
ie	kurz	0,01	viertel
eih	lang	0,01	Reihe
ai	lang	0,004	Mai
oo	lang	0,002	Moos
gg		0,001	Flagge

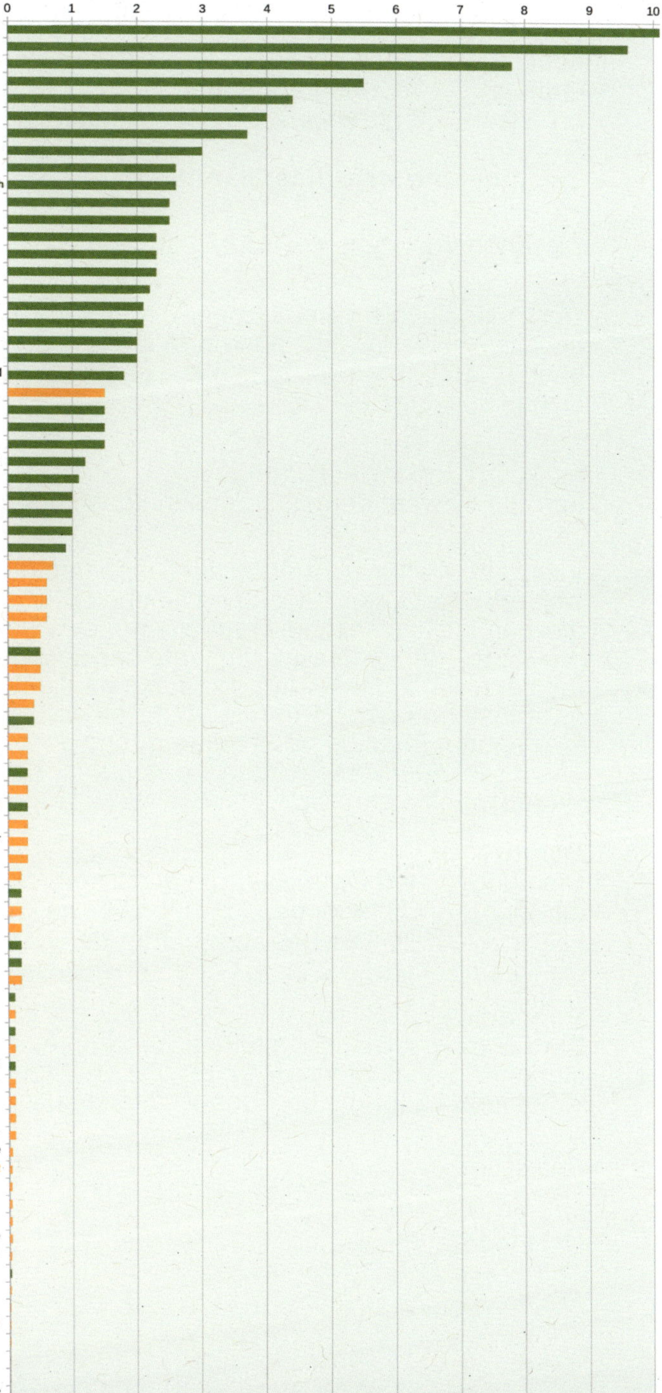

Abkürzungen

abs.	absolut oder absolute
Anm.	Anmerkung
ger.	gerundet
Orthogr.	Orthographeme
unregelm.	unregelmäßig oder unregelmäßiges

Zeichen- und Begriffserklärungen

/ /

Die Phoneme stehen in Schrägstrichen.

/aː/

Der Doppelpunkt kennzeichnet einen Langvokal. Das /aː/ steht beispielsweise für das lange a in *h**a**ben,* /uː/ wäre dementsprechend das lange u in *t**u**n.* Alle Langvokale werden mit einem Doppelpunkt markiert.

/a/

/a/ kennzeichnet den a-Kurzvokal, /a/ ist z. B. das kurze a in ***a**m*. Ein /ʊ/ wäre dementsprechend das kurze u in ***u**nd.*

< >

In spitzen Klammern stehen die Grapheme (Schrifteinheiten, die sich auf eine systematische Lauteinheit (Phonem) beziehen). Es gibt häufige und seltene Grapheme für ein Phonem. Häufige Grapheme werden als Basisgrapheme und seltene als Orthographeme bezeichnet. Das <n> ist z. B. ein häufiges und das <nn> ein seltenes Graphem für den n-Laut. Das <n> ist demnach ein Basisgraphem (häufige Verschriftung) und das <nn> ein Orthographem (seltene Verschriftung), das durch die rote Farbe in der Wörterliste gekennzeichnet ist.

Diphthonge

Diphthonge sind Zwielaute, die aus zwei Vokalen bestehen. Es gibt nur drei Diphthonge: /a͜ɪ/, /a͜ʊ/, /ɔ͜ʏ/. Sie werden wie Langvokale behandelt. Die Basisgrapheme der Diphthonge sind <ei> wie in ***ei**ne*, <au> wie in ***au**s* und <eu> wie in ***eu**ch*.

Phoneme

Ein Phonem ist eine systematische Lauteinheit. Die Phoneme stehen in Schrägstrichen / /. Es gibt 19 Phoneme für die vokalischen und 22 für die konsonantischen Lauteinheiten.

Konsonanten

Die 22 Konsonanten (= Mitlaute) des Deutschen sind: /p/, /t/, /k/, /s/, /f/, /b/, /d/, /g/, /x/, /z/, /ʃ/, /v/, /r/, /l/, /m/, /n/, /ŋ/, /h/, /j/, /p͜f/, /k͜s/ und /t͜s/.

Vokale
Die Vokale des Deutschen werden in Kurz- und Langvokale eingeteilt. Die Diphthonge (ei, au und eu) werden zu den Langvokalen gerechnet.

Kurzvokale
Die acht Kurzvokale sind: /a/, /ɛ/, /ɪ/, /ɔ/, /ʊ/, /œ/, /ʏ/ und der unbetonte Vokal /ə/, auch **Schwa** genannt. Das Schwa (/ə/) ist die sprachwissenschaftliche Bezeichnung für den häufigsten Kurzvokal im Deutschen. Das Schwa (als unbetonter Nebenvokal) kann nie der einzige Vokal in einem Wort sein. Es steht oft in der Endposition von Substantiven (*Blum**e***, *Bien**e***, *Has**e**, Mädch**e**n, Leit**e**r, Gab**e**l*), in der Infinitivform von Verben (gefolgt von einem n: *lauf**e**n, hab**e**n, sing**e**n)*, in der ersten Person Singular von Verben (*ich lauf**e**, ich hab**e**, ich sing**e***), in Präfixen wie ***ge**-* und ***be**- (**ge**gang**e**n, **be**komm**e**n*) und anderen mehr (*ein**e**, sein**e**, dein**e***). *Leider* wird der Phonemwert des Schwa oftmals in der Sprachdidaktik und -wissenschaft bestritten, aber es finden sich Minimalpaare, die den phonemischen Wert von Schwa eindeutig belegen (Ersatzprobe von Schwa /ə/ und /ɪ/: *den Freund**e**n – die Freund**i**n*).

Langvokale
Es gibt acht Langvokale /aː/, /eː/, /iː/, /oː/, /uː/, /ɛː/, /øː/, /yː/ und die drei Diphthonge (Zwielaute) /a͜ɪ/, /a͜ʊ/, /ɔ͜ʏ/ (ei, au, eu), die systematisch zu den Langvokalen gerechnet werden.

Grapheme
Grapheme sind die Schrifteinheiten, die den systematischen Lauteinheiten (Phonemen) gegenüberstehen. Ein Graphem kann aus einem bis max. drei Buchstaben bestehen. Das <j> steht beispielsweise für den Laut /j/ und <sch> für den Laut /ʃ/. Die Grapheme werden in spitze Klammern gesetzt: < >. Von allen Graphemen, die mit einem Phonem korrespondieren, tritt eines – und zwar meistens deutlich – häufiger auf als die anderen. Dieses ist in der Regel als die unmarkierte Schreibung anzusehen und wird als **Basisgraphem** bezeichnet. Die anderen Grapheme, die oft schon durch Markierungen auffallen, werden **Orthographeme** genannt. Für einen ungestörten Rechtschreiberwerb und eine professionelle Orthographievermittlung ist es von großer Bedeutung, nicht von Buchstaben, sondern systematisch von Schrift- und Lauteinheiten auszugehen. Das Wort *schief* besteht aus sechs Buchstaben, aber aus drei Graphemen: <sch>, <ie> und <f>, die genau den drei Phonemen entsprechen: /ʃ/, /iː/ und /f/.

Literatur

Augst, Gerhard (1989): *Schriftwortschatz. Untersuchungen und Wortlisten zum orthographischen Lexikon bei Schülern und Erwachsenen.* Frankfurt/M.: Lang.

Augst, Gerhard (2009): *Wortfamilienwörterbuch der deutschen Gegenwartssprache. Studienausgabe*, in Zusarb. m. K. Müller, H. Langner, A. Reichmann. Tübingen: Niemeyer.

Brügelmann, Hans (2019): Was bringt die Arbeit mit einem Grundwortschatz für die Förderung der Rechtschreibkompetenz? 45 S., 26.4.2019 URN: um: nbn:de:0111-pedocs-170770 (freier Zugriff https://doi.org/10.25656/01:17077]

Corvacho del Toro, Irene (2013): *Fachwissen von Grundschullehrkräften. Effekt auf die Rechtschreibleistung von Grundschülern* (auch online frei verfügbar). Bamberg: University of Bamberg Press.

Corvacho del Toro, Irene; Hoffmann-Erz, Ruth (2014): Was ist lautgetreu? Zur Notwendigkeit einer begrifflichen Differenzierung. In: K. Siekmann (Hrsg.): *Theorie, Empirie und Praxis effektiver Rechtschreibdiagnostik.* Tübingen: Stauffenburg Verlag, S. 29–40.

Corvacho del Toro, Irene; Thomé, Günther (2021): Meilensteine im Erwerb der deutschen Orthographie. In: *Lernen und Lernstörungen 10*, Heft 3, S. 169–180.

Dante Alighieri (um 1303/2009): *Über die Volkssprache – De Vulgari Eloquentia*. Lateinisch, Deutsch. Übers. Th. Vormbaum. St. Augustin: Academia Vlg.

DUDEN (1984): *Grammatik der deutschen Gegenwartssprache*. 4., völlig neu bearb. u. erw. Aufl. Hrsgg. v. G. Drosdowski u. a. (Duden. 4). Mannheim, Wien, Zürich: Dudenverlag.

DUDEN (2015): *Das Aussprachewörterbuch. Aussprache und Betonung*. 7., komplett überarb. u. akt. Auflage. Bearb. von S. Kleiner, R. Knöbl und der Dudenredaktion (Duden. 6). Berlin: Bibliographisches Institut.

Eisenberg, Peter (1988): Die Grapheme des Deutschen und ihre Beziehungen zu den Phonemen. In: *Germanistische Linguistik*. Themenband: „*Aspekte von Schrift und Schriftlichkeit*". Band 93-94, S. 139–154.

Eisenberg, Peter (2013): *Grundriss der deutschen Grammatik*. Bd. 1: Das Wort. 4., akt. u. überarb. Auflage. Stuttgart: Metzler.

Hall, T. Alan (2000): *Phonologie. Eine Einführung*. Berlin, N. Y.: de Gruyter.

Heike, Georg (1982): *Phonologie*. 2. Aufl. Stuttgart: Metzler.

Heller, Klaus (1980): Zum Graphembegriff. In: D. Nerius, J. Scharnhorst (Hg.): *Theoretische Probleme der deutschen Orthographie.* Berlin: Akademie-Verlag, S. 74–108.

Hoffmann-Erz, Ruth (2015): *Lernprozesse im Orthographieerwerb*. Berlin: Wissenschaftlicher Verlag Berlin.

Hoffmann-Erz, Ruth; Corvacho del Toro, Irene (2021): *Schreiben lernen: Zum systematischen Schriftaufbau, ab Kl. 1*. Oberursel: Finken.

Jakobson, Roman (1969): *Kindersprache, Aphasie und allgemeine Lautgesetze* (1944 Erstauflage). Frankfurt/M.: Suhrkamp.

Jakobson, Roman; Halle, Morris (1971): *Fundamentals of Language.* 2., revised Edition (1956 Erstauflage). Den Haag: Mouton.

Kohrt, Manfred (1985): *Problemgeschichte des Graphembegriffs und des frühen Phonembegriffs*. Tübingen: Niemeyer.

Meier, Helmut (1978): *Deutsche Sprachstatistik.* Erster Bd. 2., erweit. u. verbess. Aufl. Hildesheim, New York: Olms.

Meinold, Gottfried; Stock, Eberhard (1982): *Phonologie der deutschen Gegenwartssprache*. 2., durchges. Auflage. Leipzig: VEB Bibliographisches Institut.

Menzel, Wolfgang (1985): *Rechtschreibunterricht: Praxis und Theorie*. Beiheft „Praxis Deutsch“ 69 (Nachdruck 1989).

Naumann, Carl Ludwig (1999): *Orientierungswortschatz. Die wichtigsten Wörter und Regeln für die Rechtschreibung – Klassen 1 bis 6.* Weinheim, Basel: Beltz [s. a. „ORD – Orientierungsliste für Rechtschreibunterricht und -didaktik“. K.-L. Herné, C. L. Naumann (2000). Alfa Zentaurus].

Naumann, Carl Ludwig (2023): Falsch gelernt, weil falsch gelehrt? Führt der recovery effect zu didaktogener Legasthenie? In: *Lernen und Lernstörungen 12*, H. 1, S. 42–47 [freier Zugriff: https://doi.org/10.1024/2235-0977/a000395]

Nerius, Dieter; Scharnhorst, Jürgen (Hrsg.) (1980): *Theoretische Probleme der deutschen Orthographie.* Berlin: Akademie-Verlag.

Niedersächsisches Kultusministerium (2015): *Materialien für einen kompetenzorientierten Unterricht im Primarbereich*. Redaktion M. Jacobs, C. L. Naumann. Hannover: Niedersächsisches Kultusministerium.

Ramers, Karl-Heinz; Vater, Heinz (1991): *Einführung in die Phonologie.* 2. Auflage. Hürth-Efferen: Gabel.

Sasse, Ada; Valtin, Renate (2016): Häufige Schreibungen zuerst. Rechtschreiben lernen mit Graphemen und Morphemen. In: *Deutsch differenziert*, Heft 1/2016, S. 24–31.

Scheerer-Neumann, Gerheid (2023, i. Vorb.): *Lese-Rechtschreib-Schwäche und Legasthenie. 3.* Aufl. Stuttgart: Kohlhammer.

SIEBS (2000): *Deutsche Aussprache. Reine und gemäßigte Hochlautung mit Aussprachewörterbuch.* Hrsgg. v. H. d. Boor, H. Moser, Ch. Winkler. 19., umgearb. Aufl. (Erstaufl. 1964 als *Deutsche Bühnenaussprache*, Leipzig). Wiesbaden: VMA-Verlag.

Siekmann, Katja (Hrsg.)(2014): *Theorie, Empirie und Praxis effektiver Rechtschreibdiagnostik.* Tübingen: Stauffenburg Verlag.

Siekmann, Katja (2021): *Grund- und Orientierungswortschatz für die Primarstufe: Konsonanten.* Schönau: KS-Verlag.

Siekmann, Katja; Thomé, Günther (2018): *Der orthographische Fehler. Grundzüge der orthographischen Fehlerforschung und aktuelle Entwicklungen.* 2., akt. Auflage. Oldenburg: isb-Fachverlag.

Steinig, Wolfgang; Ramers, Karl H. (2020): *Orthografie* (LinguS 7). Tübingen: Narr Francke Attempo.

Ternes, Elmar (1987): *Einführung in die Phonologie.* Darmstadt: Wissenschaftliche Buchgesellschaft.

Thomé, Günther (1999): Orthographieerwerb. Qualitative Fehleranalysen zum Aufbau der orthographischen Kompetenz. Frankfurt/M.: Lang.

Thomé, Günther (2019): *Deutsche Orthographie: historisch, systematisch, didaktisch.* 2., verbess. Aufl. Oldenburg: isb-Fachverlag.

Thomé, Günther (2023, i. Vorb.): *ABC und andere Irrtümer über Orthographie, Rechtschreiben, LRS/Legasthenie. 6*., akt. Aufl. Oldenburg: isb-Fachverlag.

Thomé, Günther; Thomé, Dorothea (2014): *Was ist wie häufig im Deutschen? Phoneme und Grapheme in drei Schaubildern*. Oldenburg: isb-Fachverlag.

Thomé, Günther; Thomé, Dorothea (2020): *OLFA 3-9 – Oldenburger Fehleranalyse für die Klassen 3–9.* 6., bearb. Aufl. Oldenburg: isb-Fachverlag.

Thomé, Günther; Thomé, Dorothea (2021): *Häufige Wörter. Basiskonzept Rechtschreiben.* 3., erweiterte Aufl. Oldenburg: isb-Fachverlag.

Thomé, Günther; Thomé, Dorothea (2022a): *OLFA 1-2 – Oldenburger Fehleranalyse für die Klassen 1 und 2.* 7., durchges. Aufl. Oldenburg: isb-Fachverlag.

Thomé, Günther; Thomé, Dorothea (2022b): *Professionelles Wissen über Rechtschreibung für Schule und Förderung. Orthographeme im Deutschen.* Oldenburg: isb-Fachverlag.

Thomé, Günther; Siekmann, Katja; Thomé, Dorothea (2011): *Phonem-Graphem-Verhältnisse in der deutschen Orthographie: Ergebnisse einer neuen 100.000er-Auszählung.* In: G. Schulte-Körne (Hg.): Legasthenie und Dyskalkulie. Bochum: Winkler, S. 51–64.

Trubetzkoy, Nicolaj S. (1939/1989): *Grundzüge der Phonologie.* 7. Aufl. Göttingen: Vandenhoeck/Ruprecht.

Trubetzkoy, Nicolaj S. (2001): *Studies in General Linguistics and Language Structure.* Durham, London: Duke University Press.

Vennemann, Theo (1986): *Neuere Entwicklungen in der Phonologie.* Berlin, New York, Amsterdam: de Gruyter.

WAHRIG (2018): *Wörterbuch der deutschen Sprache*. Von Renate Wahrig-Burfeind. 27., neu bearb. u. akt. Aufl. München: dtv.

Wängler, Hans-Heinrich (1983): *Grundriss einer Phonetik des Deutschen, mit einer allgemeinen Einführung in die Phonetik*. 4., überarb. Aufl. Marburg: Elwert.

Winkler, Christian (1969): *Lautreines Deutsch. Übungsstoffe zur Lautbildung,* auf Grund der Neubearbeitung des SIEBS von 1969. 6., verbess. Aufl. Braunschweig: Westermann.